自由的存在 存在的信念

艾丽丝·默多克哲学思想的类存在主义研究

许 健 著

生而自由的人
在现实生活中
通过向善的追求
自由地、道德地存在

暨南大学出版社
JINAN UNIVERSITY PRESS
中国·广州

图书在版编目（CIP）数据

自由的存在　存在的信念：艾丽丝·默多克哲学思想的类存在主义研究/许健著. —广州：暨南大学出版社，2010.6
ISBN 978－7－81135－500－0

Ⅰ. ①自…　Ⅱ. ①许…　Ⅲ. ①默多克，I.（1919—1999）—存在主义—哲学思想—研究　Ⅳ. ① B561.59②B086

中国版本图书馆 CIP 数据核字(2010)第 071934 号

出版发行：暨南大学出版社

地　址：中国广州暨南大学
电　话：总编室（8620）85221601
营销部（8620）85225284　85228291　85220693（邮购）
传　真：（8620）85221583（办公室）　85223774（营销部）
邮　编：510630
网　址：http：//www.jnupress.com　http：//press.jnu.edu.cn

排　版：广州市天河星辰文化发展部照排中心
印　刷：佛山市浩文彩色印刷有限公司

开　本：787mm×960mm　1/16
印　张：11.5
字　数：196 千
版　次：2010 年 6 月第 1 版
印　次：2010 年 6 月第 1 次

定　价：26.00 元

目录

前　言

英国当代小说家艾丽丝·默多克（1919—1999）生前以其26部小说饱享盛誉，被视为20世纪英语文坛最重要的作家之一，她多次荣获英国重要文学奖项，并获女王亲授爵位，其画像悬挂于国家肖像馆，是英国国宝级人物。

自20世纪50年代初登文坛到八九十年代闻名于世，默多克通过自己的创作实践，在被她斥为“神经质”的现代小说语境中，坚持着以莎士比亚、狄更斯、托尔斯泰等大师为代表的优秀现实主义传统，同时又能娴熟驾驭诸如哥特式、隐喻、象征、精神分析等多种现代表现技巧，开拓并引领了当代现实主义文学创作。在默多克看来，文学创作是一项自由的精神活动，不应当被哲学或其他功利性目的所束缚，但她承认自己在文学创作中会流露出哲学上的思考，毕竟哲学和文学的目的都是探索、揭示世界与人生的真相或真理。

其实，默多克首先是一位哲学家。她生前执教于牛津大学哲学系，其第一本书就是研究萨特的哲学专著。Routledge编撰的《20世纪一百位哲学家》仅列出五位女性，默多克便在其中。研究其小说思想内容，不得不先了解其哲学思想，只有深入研究其哲学思想，才能透彻理解其小说的深层内涵。本书以默多克的哲学著述为专门研究对象，从影响过她的存在主义入手，通过对她的哲学关键概念（“意识”、“自由”、“道德”，以及与之相关联的“现实”、“视景”、“知识”、“想象”、“去自我”和“善”等）的厘清、论证，勾勒其哲学思想主脉。

作为文学研究者，第一本书竟是对哲学概念的论辨，我的确始料未及。这本书研究的是默多克关于人的存在的哲学——包括第一章所概述的存在主义，表达的是我的立场和态度。从研究和写作中所收益的，绝不仅仅是对默多克小说更为深入的理解。

一般意义或传统意义上的“存在主义”作为一种社会思潮，虽然已于20

世纪渐渐“消退”，但是，无论是作为一种生活态度、一种世界观，还是作为一种解读文本的理论工具，它都仍然具有蓬勃的生命力。互联网上有关存在主义的话题并不鲜见，关于存在主义的英文网页之多，不胜枚举。国内网民所发帖子虽不是言必称“存在主义”，但在不同语境涉及该术语的频率还是比较高的，甚至出现在对动漫《千与千寻》、电影《黑客帝国》的讨论中。“我的地盘听我的”、“我的青春我做主”之类相当流行的修辞结构，甚至也被冠上了存在主义的称号。至于使用者是否真的理解存在主义，则是另一回事。

尽管人们对存在主义的兴趣大多集中在“自由”上，而他们津津乐道的“自由”，又往往与存在主义的“自由”有不小的差距，但这至少反映了一个值得关注的事实：随着社会经济的飞速发展，人们在相对较富足的物质基础上，越来越关心自我实现与生存环境——所有存在主义者共同关心的问题。

在反映或折射社会生活的各种文学作品中，作家都以不同形式或多或少、或明或暗地思索着人的存在状况，具有人道主义传统的文学作品尤其如此。存在主义作为一种文学批评方法，在充斥着层出不穷、换汤不换药的新名词的今日学界，固然不再“髦得合时”，但用来剖析那些严肃作品，仍不失为一把利器。且不说陀思妥耶夫斯基、卡夫卡等被看作存在主义的经典文学大师，更不说萨特、加缪、波伏瓦等存在主义作家，仅仅在当代作家群中就不乏其例。

譬如2003年诺贝尔文学奖得主库切的小说《耻》，若用萨特的“意识”说，特别是其中的“为他的存在”加以剖析，宛如庖丁解牛，不仅可以鞭辟入里，而且能够洞若观火。日本文学界中如川端康成和村上春树，虽然两人生活年代相去甚远，但他们的作品从不同角度触及共同的话题，也在不同程度上应用了存在主义的关键概念，尤其是后者的小说，如《挪威的森林》、《海边的卡夫卡》等。

当然，并不是说思考人类生存状态的文学必是“存在主义文学”。是否是“存在主义文学”，要看作品在对待、处理所涉问题时，其所持立场、态度是否是“存在主义的”。

为了与一般意义或传统意义上的存在主义相区别，我把本书所论证的默多克哲学和与它相同或类似的哲学观称为“类存在主义”：若以一言蔽之，即现实生活中自由的人通过向“善”的追求而自由地、道德地存在。重点号所强调的，既是默多克哲学的核心内容，也是本书的核心内容；既是默多克哲学的价值和意义，也是本书的价值和意义。

这里所说的“自由”，绝不是人们通常以为的那种“想干什么就干什么”的“为所欲为”，而是超越自我局限、不断认清事实、接近真相或真理的努力。这里所说的“道德”，绝不是人们通常以为的那种“服从”某些外在或既在的规范、命令，而是和实践“自由”一样，以接近真相或真理为目的，不断地超越狭小自我，关注世界和他人。在此意义上，“自由”和“道德”不再是人们通常困惑的那种“是否或如何兼容”，而是融合为一。实践自由的过程就是道德进步的历程。为它们提供持续动力的是对“善”的信仰。

这里所说的“善”，绝不是为了进“天堂”或来世免遭苦难而听从“神”的吩咐，也不是做一些或做一辈子自认为好的事，更不是为了骨子里的利己而有所受难或牺牲……“善”是认识、尊重事实与现实。默多克认为人类天性自私、主观，常常活在一厢情愿的幻想中，无法认清“事实”，更无法接近远远超出事实范畴的无限的“现实”。对“善”的追求，实质上也是对自我局限的突破，与她所说的“自由”、“道德”是一致的。人作为局限的存在，永远无法企及代表完满的“善”；对“善”的追求永无止境，也就使追求它的人有了源源不断的生存动力。

需要特别提到的是，在默多克这里，他人不再像萨特认为的那样是妨碍“我”的敌人，而是“事实”、“现实”的一部分，因而是“我”在实践“自由”、提升“道德”过程中必须认识、了解的对象。对“善”的追求，是对自我局限的认识和超越，也是对他人的理解和尊重。前者使我们自省，而后者使我们宽容。和谐由此而来。

实际上，默多克对“爱”、“受难”、“权力”、“艺术”（包括文学理论）等更为具体的问题多有论述，对马克思主义、自由主义、哲学上的自然主义、精神分析学、基督教哲学以及很多古典的、现当代的哲学思想都做了严肃、深入的思索。本书受制于主题，对这些均未涉及，而是把它们作为以后还需进一步深入研究的课题，以期尽可能全面、准确地理解默多克的伦理学思想和文学创作理论。

此外，本书着重辨析默多克哲学概念，论述中很少谈及她的文学创作，主要采用附录形式完整地剖析了她出版于1957年的《沙堡》。对默多克小说进行较为全面、深入的整体研究，也是未来一项必需的任务。选取《沙堡》作为示例作品，用本书所辨析的默多克哲学去解读，并非因为它是默多克最重要、最具代表性的作品，恰恰相反，它看起来和妇女杂志上的流行小说没什么大区别，是默多克研究者不太热衷的作品，尽管它一出版就大受读者欢迎。对它的剖析旨在说明两点：①了解默多克哲学是深入理解其小说思想的前提；②关于人的存在的哲学思想有助于解读、剖析文学作品。

《沙堡》的故事极其普通，乍看之下似乎很难让人把它和“哲学深度”、“思想蕴意”联系起来，不仅和默多克本人的其他作品相比显得如此，即便和任何我们知道的经典作品相比亦是如此。但借助本书所辨析的“自由”观，《沙堡》显露了它所包含的深层哲思，并以此证明了它的文学价值。

其他散布在全书相关部分用以佐证哲学观点的一些零星的文学作品分析，如《人都是要死的》、《局外人》、《变形记》、《墙》、《等待戈多》、《禁闭》、《看不见的人》、《浮士德》等，无一不表明，关于人自身存在的哲学思想在分析关注人自身存在的文学作品方面，宛如得心应手的工具。这也可以应用到电影分析上，如本书提及的《我是传奇》、《黑超特警组/黑衣人》、《霍顿与无名氏》、《阿凡达》。

我在菲律宾亚典耀大学（the Ateneo de Manila University）的戏剧创作、通俗文学和符号学课堂上，用“意识”（主要是“为他的存在”模式）理论分别剖析过《俄狄浦斯王》、僵尸电影（Zombies）和罗兰·巴尔特符号学理论，收效也都不错。

书稿完成之前，我以第一章内容为主、其他章节内容为辅开设过公选课，也以“类存在主义”为主题做过讲座，普遍反映“过去不知道可以这样看世界”，“比以前开朗、快乐多了”。这正是我从事学术研究和高校教学的目的及意义。

目前，国外对默多克的研究已颇具规模，较系统地整理、出版了她的文学、哲学著述，有相当数量的研究者从不同角度切入，剖析其小说思想与艺术，辨析其哲学承继与创新；成立了默多克研究协会，每年举办国际性学术会议和讲座，在网上发布要闻简报；默多克的丈夫捐献了她生前的个人藏书，有关人员通过比对默多克在每本书上所做的批注数量，将图书分作了三类，在专门的资料图书馆供研究者查阅。

我国自1985年王家湘教授翻译出版《沙堡》以来，迄今已有三四种默多克小说中译本。至于默多克其他小说、剧本、诗歌、哲学论著，以及别人关于她的研究著述等，在本书完成之时尚未见中译本出版。在对她的研究方面，尽管国内学术界取得了一定成果，但仍大可耕耘。

本书及后续著述若能为默多克研究尽绵薄之力，使更多的人更深切地认识到她的哲学、小说对现实生活的积极意义，将不胜欣慰！

导 论

不幸罹患老年痴呆症达十年之久的英国当代小说家艾丽丝·默多克（Iris Murdoch，1919—1999）去世后，BBC 根据其夫、文学评论家约翰·贝利（John Bayley，1925—）所写的《艾丽丝挽歌》（*Elegy for Iris*，1999），于2001年奉献了一部由明星担纲主演的电影 *Iris*（中译名为《艾丽丝的情书》或《长路将尽》），虽然让更多的人知道了这位生前已蜚声文坛、饱享殊荣的作家，但它回避了对默多克文学作品、哲学著述的评说，不能令观众真正了解默多克的思想成就及其珍贵价值。不仅如此，商业化的电影程式甚至让人对她产生荒诞的印象：一位年轻时有些“放荡”、后来改邪归正的女知识分子。对于已经知道甚至阅读过默多克作品的观众来说，此片平淡无味，毫无贡献；对于从未听说过默多克的观众来说，这不过是一部叫好不叫座的普通情爱片，结果是苍白如过眼云烟。

影片的肤浅一方面是因为其商业性的陈旧套路；另一方面，在更大程度上是因为，默多克作品思想的深奥与精髓，并非一般读者所能透彻理解、准确把握的，即便是从事文学批评的读者，如果不了解其哲学思想，也无法完全参透其中深味。

艾丽丝·默多克的闻名于世主要归功于她的 26 部小说。其作品不仅继承了现实主义的优秀传统，深刻反映了现实人生的种种问题，也借鉴了哥特式及现代主义创作手法，形式丰富多样，情节引人入胜，因而多次拿下英国文学大奖。她本人由于文学创作上的成就而获得英国女王亲授爵位，被誉为“英国最聪明的女人”。然而，对于从事默多克研究的学者（包括文学评论者）而言，仍须首先把她视为哲学家、思想家，而后才是小说家。惟其如此方易理解：何以其早期小说被误作“愤怒的青年”一派；何以她被一些研究者归入存在主义者阵营，而另一些研究者则愿意称之为柏拉图主义者；何以身为女性，其作品却从未表现出对妇女处境的特别兴趣，且几乎都是从男性视角切入……

默多克生前一直执教于牛津大学哲学系，发表、出版了相当数量的哲学著述。特别的是，她的第一本书是研究萨特的哲学专著，而其去世时未完之作是关于海德格尔的研究。默多克的哲学研究生涯似乎以存在主义始，又以存在主义终。

和萨特自觉利用戏剧创作阐释其哲学思想的做法不同（尽管萨特戏剧并非拙劣的思想传声筒，而是别具一格的、真正意义上的文学创作），默多克认为，作家虽然受时代的影响或由于对哲学的兴趣，会在作品中流露一定的哲学思想，但无论如何不应太多，因为，“哲学一旦进入文学作品，就会变成作家的玩物（toy）”[①]，而哲学真正的目的是探索真理。在接受布莱恩·麦吉（Bryan Magee）访谈时，默多克说，“我能想起的好的哲学小说，也是我非常钦佩的一本，［就是］萨特的《恶心》（*La Nausée*），因为它在表现‘偶然性’（contingency）和‘意识’（consciousness）的同时，保持了文学艺术本身的特性，使读者不用根据作者随处流露的哲学思想对作品进行理论性的阅读”[②]。默多克对《恶心》的这番评价完全可以用于她自己的创作之上，即便对她的哲学毫无了解，读者仍可对其小说进行审美阅读与文学批判。

但默多克同时也指出，由于自己“碰巧了解哲学”[③]，在创作中自然会有所流露。她打比方说：“如果我懂得驾驶航船，我就会把驾船放到‘小说’里面”。[④] 事实上，不了解默多克哲学思想的读者定会发现，试图对她的小说进行深层阅读是一件颇为困难的事；即使是从事文学批判的读者，如果不了解其哲学思想，也难免有雾里看花甚至隔靴搔痒之感。就笔者个人来说，在着手研究默多克哲学著述之前阅读她的小说，虽然能看出其中包含着对我们生存问题的一些探索，但有些地方明知道作者有所用意，却始终不得其门而入。正因如此，才下决心细读了能收集到的她所有的哲学著述，专攻其哲学思想，本书就是对其哲学思想主脉进行辨析研究的结果。于此再回想过去阅读其文学作品时的疑团，颇有豁然开朗之感，而且发觉她常常在很不起眼、无碍故事大局的细节上暗设玄机、蕴藏哲思。这已经可以视作默多克小说的艺术特

① Iris Murdoch, “*Literature and Philosophy*”, Existentialists and Mystics, edited by Peter Conradi and foreword by George Steiner, Penguin Books, 1997, p. 19.

② Ibid., p. 20.

③ Ibid.

④ Ibid., pp. 19-20.

色之一。

但是，作为作家的默多克表示，她宁愿多知道些驾船之道，而非哲学思想。在她看来，虽然作品必然会流露作家本人的一些东西，但小说真正的目的是反映“现实”，而不是表现个人（生活或思想）；个人化的东西越少，作品就越能反映现实。这就是为什么她非常赞赏现实主义的伟大传统，并对托尔斯泰、狄更斯等大师们，特别是莎士比亚推崇备至。她认为莎士比亚对现实做到了极尽客观的反映，不愧为真正的艺术家，因为好的艺术家能够在作品中达到“无我”境地，从而更能接近、反映“现实”，使创作达到高度艺术真实。

无论从默多克的文学观还是哲学观上看，都不难发现她对“现实”的关注和对“自我”的抑制。正如博夫（Cheryl K. Bove）所指出，“对默多克而言，艺术家肩负着正确反映现实——包括自由及其他各种特征——的道德任务。她也对读者寄予很大的信任，鼓励他们在理解艺术和人生的真相时，与利己主义作斗争”①。默多克始终关注作为自由的存在的人在其现实生活中所遭遇的道德选择与彷徨，只要与其哲学思想稍加联系即能察觉，她的小说是通过各种人物关系、故事情节的设置，用文学艺术形式继续探索其在哲学著述中所辨析、研究的“自由”、“善”、“爱”等严肃问题，而贯穿其中的正是“现实”（reality）和“去自我”（unselfing）。在她看来，此两者乃实现个人自由和道德的根本依据和主要路径。

1919 年 7 月 15 日，艾丽丝·默多克生于都柏林一个小康之家。她的父亲休斯·默多克在爱尔兰的英国政府做公务员，喜爱读书，擅长自嘲式幽默。母亲有一副好嗓子，婚前本是专门学习美声演唱的，不到 20 岁就结了婚，只生了艾丽丝一个孩子。1921 年前后，由于爱尔兰的独立，英国政府为爱尔兰公务员提供了移居贝尔法斯特或伦敦的机会，明智的休斯为了使自己唯一的孩子能够接受良好教育，举家迁往伦敦。

小家庭过着自给自足、三人共同行动的美满生活，被默多克比喻为“完美的爱之三位一体”②，她曾对朋友说自己是被爱哺育大的。默多克三四岁的时候就开始在海水中游泳，游泳是他们酷爱的活动，如同这个三口之家的

① Cheryl K. Bove, *Understanding Iris Murdoch*, Carolina: University of South Carolina Press, 1993, p. 17.

② Peter J. Conradi, *Iris Murdoch: a Life*, New York · London: W. W. Norton & Company, 2001, p. 33.

“秘密的家庭宗教”①。可能是因为母亲参加了唱诗班，上教堂也是经常性的家庭活动。健康、智性、和睦的家庭生活对默多克的良好影响非常明显地反映在她的文学创作和哲学思想中。水和游泳的意象经常出现在她的小说中，并具有象征、暗示性的作用；“爱”更是无所不在，不仅是其小说的重要主题之一，也在其哲学思想中占有重要地位；同时不难理解她对“善”、“和谐”、“真”、“美”的赞美和热爱，以及对“信仰”、“上帝”等问题的执著探求。

温和、开明、并不富裕的休斯通过贷款及奖学金方式让女儿在思想进步的学校读书。先是福禄培尔示范学校，后来在她 12 岁时入读布里斯托尔的巴德明顿寄宿学校。在这里，默多克显露了对文学、语言的浓厚兴趣。据默多克本人回忆，她 9 岁就开始写故事，通过幻想兄弟姐妹来慰藉作为独生女的孤独。成年后的默多克反对自我孤立，强调了解他人以及与他人的和谐关系，不能不说与她的经历有关。同时她也表现出对自由的热爱和对社会的关心，据她后来说，13 岁的时候自己在思想上已经是共产主义者。

1938—1942 年间，她在牛津大学的萨默维尔学院（Somerville College）学习古典文学、哲学和历史，深受古典思想的影响。在她的思想中，柏拉图的哲学影响处处可见，除存在主义者之外，她也常常被人称作柏拉图主义者。1938 年，默多克抱着乐观的心态加入共产党，此经历导致她后来被美国政府拒绝入境，只好放弃前往那里深造的计划，于 1947—1948 年间在剑桥大学的纽恩汉姆学院攻读哲学研究生课程。其时语言哲学大师维特根斯坦刚刚离教，据说默多克从其弟子那里接触到他的思想，受到明显影响。她的第一部小说《在网下》（*Under the Net*, 1954）就借用了维特根斯坦“语言是一张网”的观点。

自 1948 年始，默多克执教牛津大学圣安妮学院哲学系，并开始文学创作，终以思想深邃、饱含哲理、风格独特、手法多样的文学作品享誉世界，曾获詹姆斯·泰特·布莱克纪念奖（《黑王子》，*Black Prince*, 1973）、维特布赖德奖（《亦圣亦俗爱机器》，*The Sacred and Profane Love Machine*, 1974）、布克奖（《大海啊，大海》，*The Sea, the Sea*, 1978），先后有六部小说获布莱克纪念奖提名。除此之外，另有一部歌剧脚本，五个剧本，一些诗歌以及多篇文学评论。这些作品都贯穿着默多克对以“善”为核心的道德问题的关注，与她聚焦在元伦理学问题上的哲学研究密切相关。1982 年，她被选为美国艺

① Peter J. Conradi, *Iris Murdoch: a Life*, New York · London: W. W. Norton & Company, 2001, p. 31.

术学院国外荣誉成员，1987 年又获得英国学术院荣誉称号，其画像被悬挂于国家肖像馆，1990 年获美国国家艺术俱乐部荣誉勋章。由于英国女王授予她女爵士头衔，人们在提及默多克的时候，有时候会在其名前加上“Dame”。

1942—1946 年，默多克先后在战时财政部、联合国救济与复兴（UNRRA）部门工作，在布鲁塞尔和到那里讲学的萨特见过面。由于后者的影响，默多克 1947 年重回校园时，原本有可能重拾历史研究的她选择了哲学。1953 年出版了第一本书《萨特：浪漫的理性主义者》（*Sartre*: *Romantic Rationalist*, 1953），研究萨特的文学作品和哲学著作，对其思想理论进行了相当细腻的辨析和批判，成为将欧洲大陆存在主义哲学，特别是萨特学说引入英伦的第一人。该书既是英国学术界第一部对萨特及其存在主义进行正式研究的专著，也是默多克本人哲学思想的开端。书中不仅描述了萨特像当红摇滚歌星一样被人们欢呼的场面，肯定了他的“自由”哲学对青年一代的巨大吸引力（其中也包括了当时才二十来岁的她），同时也指出其唯我主义倾向以及由此导致的理论缺陷和自相矛盾。在默多克看来，萨特的“自由”把问题简单化了，虽然充满煽动性和鼓舞人心的力量，但终究只是浪漫的而非现实的。

正如康拉迪（Peter J. Conradi）所说，默多克所有的小说和大部分道德哲学思想都是对她自己年轻时“浅薄的理性主义乐观”① 的忏悔，那时她以为让人们自由是件容易的事。她 35 岁时出版的《在网下》很容易被视为存在主义作品，但实际上，在肯定人是自由的前提下，她通过杰克和雨果两个人物形象的对比，将“现实”引入“自由”，试图弥补萨特唯我主义哲学的“浪漫”。随着时间的推移，默多克小说中呈现的主题看起来似乎越来越和“自由”无关，而与“道德”紧密相连，“善”成为其作品、思想的磁场中心，吸引着研究者的目光。渐渐地，令人们印象深刻的是她对萨特及存在主义的批判，而不是她和萨特及存在主义的渊源。即使有人把她看作存在主义者，似乎也难免遭到质疑，在默多克研究方面颇具权威的康拉迪就反对沃纳克（Mary Warnock）无视默多克对存在主义的强烈批判而“粗略地”把她看作“存在主义者”。康拉迪认为，默多克无论是在哲学还是文学方面，都是在寻找对我们处境更为准确的另一种描述。

究竟默多克受到萨特什么影响？她如何看待萨特学说和存在主义？她的

① Peter J. Conradi, *Iris Murdoch*: *a Life*, New York · London: W. W. Norton & Company, 2001, p. 78.

思想离存在主义很远，还是很近？她是存在主义者还是反存在主义者？……在尚未回答这些问题之前，首先遭遇的是另一个更为急迫的问题：什么是“存在主义”？

源自现象学派的存在主义哲学虽然在20世纪横扫欧美世界，也涌现了像海德格尔、雅斯贝尔斯、蒂利希、萨特、加缪、波伏瓦等众多被公认的存在主义思想家，但它并未形成传统意义上的“体系”，其代表人物也不曾聚合为紧密团结、步调一致的群体或学派，反而在他们之间观点冲突、矛盾显著。萨特和加缪在20世纪50年代就因为观点不合而分道扬镳，连朋友都不做了。难怪存在主义哲学研究者沃尔特·考夫曼（Walter Kaufman）说，“有多少存在主义者，就有多少存在主义哲学”[①]。事实上，不仅有学者否认“存在主义哲学”的存在，认为所谓“存在主义”不过是一些反传统的观点而已，还有人干脆否认红得发紫的萨特是“哲学家”，因为他的理论不成“体系”，甚至前后矛盾。

凡此种种，给“存在主义”一词的使用造成了困难，因此，本书在使用此“标签”之前，对其内涵先行勾勒，以避免因各人对它的理解不同而产生不必要的争执，妨碍读者关注本书所研究的真正对象——对我们的人生具有积极启发、指导意义的默多克哲学。

第一章“存在：源流的勾勒”通过对存在主义哲学关键概念的辨析，从“世界”、“人”和“人生”三个方面概述笔者所理解的“存在主义”。由于默多克所受的存在主义影响主要来自萨特（尽管她也研究海德格尔），对“存在主义”的分析虽然包括了其他存在主义者的理论，但其仍以萨特学说为主要考察对象。况且，萨特对存在主义哲学的推广和普及所作出的贡献似乎也更具代表性，这或可归功于它所具有的强烈感染力和煽动性。

（1）世界是“虚无的”、“荒诞的”、“偶然的”。世界本无“意义”，所谓的“意义”不过是人赋予世界的，譬如“国家”、“宗教”、“伦理”、“价值”等，以及各种关于“终极关怀”的构想。所谓“荒诞”，就是“意义”的丧失。既然世界是无意义的、荒诞的，也就无所谓“必然性”、“本质”，世界不再井然有序，而是偶然性的、超出人类理性控制的。从无意义这个角度来看，世界是虚无的。然而，世界的无意义或虚无，实际上是对人的解放：

---

① 转引自［美］黑泽尔·E·巴恩斯．冷却的太阳——一种存在主义伦理学．万俊人等译．北京：中央编译出版社，1999.3

没有先验意义束缚，人是自由的，当然，同时也是虚无的。

（2）“自由”是人与生俱来的，人生如同一系列选择时刻的堆积。自由“迫使”他不得不选择，他的“不选择”或“拒绝选择”，实际上也是选择，因为是他自己选择“不选择”或“拒绝选择”；人注定是自由的，“人”就等于“自由”。萨特常常用“自由”一词代替“人”。人是一种面向未来、谋划着并努力实现谋划的存在，其根基是空洞的无，她/他不得不为自己创造意义，寻找生存的理由和目标，以填充贪婪的“虚无”。

虽然“自由”意味着人可以选择，但也意味着她/他必须为自己的选择负责。人在抉择的时刻不仅面对选择什么的问题，也要面对选择之后可能会发生的一切后继问题——意味着“责任”。“焦虑”由此而生：因为她/他知道，做出选择的，正是她/他自己，而不是他人或别的什么。即使是基督教存在主义者所说的人，也面临同样的问题，上帝把人创造为自由的造物，人必须也只能自己决定此生此世如何生活、如何信仰。哪里有“自由”，哪里就有“焦虑”，两者是人这种动物的生存本态。

人于此世不仅要面对如何生的问题，也不得不面对如何死的问题。虽然“死亡”并非人的本体性存在，却是人类无法逃脱的命运，它使我们意识到人生倏忽即逝、终将结束的短暂性，从而不得不思考今生今世如何度过。

（3）在荒诞、偶然的世界里，我们应当“知其不可为而为之”地顽强生活，如同反复推石头上山的西西弗斯。尽管世界、人生本无意义，但人可以、也必须在虚无中为自己的存在创造“意义”。

存在主义消解了“意义”、“本质”、“终极关怀”等人们惯于接受的观念，乍看之下令人泄气，但是，世界、人生的荒诞、无意义并不是我们自甘堕落的理由，反而是我们自由创造的基础，正如我们知道人总有一死，却不会因为知道了这个事实而先行自戕。面对存在主义所揭露的这种貌似残酷的事实，亦如面对人总有一死的永恒无奈，我们所能做、所应做的，除了知其不可为而为之，别无选择。既然我们无法逃避自由，何不善加利用呢？既然总得选择，又何不主动地选择呢？与其自欺欺人被动地生活，不如正视现实积极地生活。

存在主义者在具体问题上可能有所分歧，但基本上有个共同倾向，即明确地把人的存在作为哲学研究的核心问题。他们研究的不是从具体生活中抽离出来的形而上学的人，而是作为独一无二的个体生命的人，是处于与他人、与世界的各种联系中的人。人是怎样的存在？人生是怎样的过程？人在人生过程中遭遇怎样的处境、问题？这些都是存在主义者试图回答的问题。

存在主义强调并珍视人的主体性、个别性、差异性，反对划分群体的简单化做法，敲碎了人类惯于向往、奢求、探寻的“秩序”、“体系”、“大一统”之梦。从某种意义上说，存在主义者个人理论的不成体系、不断修改，以及存在主义哲学的不成体系、存在主义者之间的分歧及矛盾，既体现了不同个体在认识上的主体性自由，也体现了世界的复杂性、多样性、丰富性。这些都是被默多克肯定的。

一方面，默多克认为，哲学作为探求真理而非自我娱乐、自我慰藉的精神活动，目的不在于为它自身寻找或建立完美形式，而在于发现问题、研究问题。并且，这些关乎人之生存的问题会在不同研究者的不同表述和不同解决方案中一再出现。因此，志在追求真理的哲学家必须总是在“破旧”的基础上“立新”。另一方面，哲学不是以其自身存在的自在之物，而是因时代、社会、个人等诸多因素不断流变的精神产品，它的非先验性，决定了它的不可稳定性。“通过把自身定义为不是某物”①，亦即自我动摇、自我破坏，哲学才得以进步。

她本人从未尝试建立自己的理论体系，其观点如碎金散玉般散播在她对前人或同辈的辨析和批判之中。她对他人的理论往往是批判地吸收，既不会全盘否定，更不会照单全收，以至于有人看她像存在主义者，也有人说她是柏拉图主义者，但哪种标签都不能稳稳地贴在默多克身上。更何况，“贴标签”本身就是对“人是自由”的反动，作为哲学出发点的“意识”，是“闪动的”、变化的，不可能停留在某处，被僵死不变的“标签”限制。

这就不难理解为什么萨特刚开始并不接受“存在主义者”的头衔，其他存在主义者似乎也对这个标签不感兴趣。巴恩斯在其《冷却的太阳——一种存在主义伦理学》中尝试建立实用性的“存在主义伦理学”，但书中谈到，在最初被学生问及是否是存在主义者时，她也不假思索地否认了。

就默多克而言，且不说我们根本无法找到她承认自己是存在主义者的证据（尽管她曾自称是“自由主义者”），即使是作为作家的那个她，也不乐意被固定在某种模式中（譬如对别人把她的小说定义为“哥特式”，默多克颇不以为然，认为这种说法是贬低其作品的思想价值）。在接受访谈时她说，任何小说家都喜欢看到自己在改变，“我认为我的哲学已经改变，我的道德观点在

① Iris Murdoch, “Literature and Philosophy”, *Existentialists and Mystics*, 1997, p. 14.

某种程度上也有所变化”。[1]

第二章“意识：问题的浮现”从“意识”的概念、模式及现实性三个方面考察默多克对萨特意识观的肯定与批判，分析她本人的“意识”观。或许因为默多克的兴趣主要集中在人的现实问题上，虽然“意识”在其哲学和文学著述中屡见不鲜，但没有被集中论述过。不过，从默多克对萨特“意识”说的辨析中（主要集中在《萨特：浪漫的理性主义者》一书中），不难发掘出她本人的观点。

康拉迪说过，“艾丽丝·默多克之所以对萨特认真以待，是因为她对英美哲学深为不满”。在她看来，英美哲学无论是对“意识”或是“道德价值”都没什么富于成效的探讨，而存在主义则对两者都非常关注[2]。在“意识”方面，默多克非常认同萨特，她的哲学思想就是以“意识”为出发点的。她对萨特“意识”论所进行的批判，是对其论证谬误（fallacy）的清除和纠正，而非连根拔起的否定。正因如此，默多克在“道德”方面完成了萨特试图完成却最终失败的工作，建立了以“自由”为基础的伦理学说。

第一节“‘意识’的存在”通过对“默多克对萨特的‘意识’的辨析”的辨析，梳理了作为哲学出发点的“意识”。“意识”的界定和阐释一直是哲学上的难题，在一定程度上，笛卡儿可以说是贡献较大的哲学家，具有划时代意义。他把“我思故我在”视为哲学第一原理。我可以怀疑一切，但不会怀疑“我思”，因为正是由于“我思”，我才能够怀疑。在他看来，这个最为根本的“我思”可以作为哲学的出发点。

胡塞尔在笛卡儿的基础上，把能“思”之“我”细分为“先验的我”和“经验的我”，认为前者是不可还原的，且是后者的基础。“我思”的发出者是“我”，可见“我”先验于“思”。而且，“我”之所以能够“经验”，是因为有一个“先验的我”存在，因此，哲学的出发点是“先验的我”。

萨特的“意识”论是在批判笛卡儿和胡塞尔的基础上发展而来的。他认为笛卡儿所说的“我思”是“反思”，但在它之前还有一个“伪‘我思’”（默多克称之为“非反思意识”），而胡塞尔的“先验的我”没有纯粹到足以作为哲学出发点的地步，它其实出现在“反思”而非之前的“前反思”中。

---

① 录音资料“*Iris Murdoch in Conversation with Malcolm Bradbury*”，London：The British Council，1976.

② Peter Conradi，“Editor's Preface”，*Existentialists and Mystics*，2001，p. xxii.

真正的哲学出发点，在萨特看来，是虚无的“纯粹意识”；唯其虚无，方可纯粹到成为哲学出发点的地步。默多克肯定了萨特的贡献，认为传统哲学的不足就在于忽略了“前反思”。

第二节“‘意识’的模式”分析了“意识”的三种模式：“前反思”、“反思”和“为他的存在”。默多克认为萨特关于“意识”的看法相当辩证，他不仅把纯粹意识细分为不同模式，而且认为它不是静态而是动态的——在三个模式之间运动着。

（1）默多克把非反思意识比作收集“资料”的阶段，由于“意识”本身的惰性，它不会自动或积极地转变为“反思”意识，但随时准备着转变——只要受到刺激。

（2）和萨特一样，默多克也非常看重“反思意识”，认为它是对“资料”进行处理的理性阶段，犹如发现之旅，不仅向我们揭示了世界的偶然性、虚无性，也在发现“自我”的同时揭示了我们自身的虚无、自由和焦虑。

但默多克在此显示出与萨特的不同：萨特强调“反思”阶段的“自我意识”，而默多克注重的则是“反思意识”对世界和他人的认识能力。

对“反思意识”的不同侧重，导致他们以后在“自由”观和“道德”观方面更为显著的分歧，甚至大有针锋相对的架势：萨特走向唯我主义，而默多克则强调“去自我”；萨特以“自我”为中心，默多克则强调以“他人”为中心。

（3）“为他的存在”意识模式主要体现为最常见的人和人之间的“看”，反映了“我”与“他人”互相依存、互相冲突的复杂关系。在“看”中体现了诸层关系：我被他人“看”；我之所以知道自己被他人看，是因为我在“看”他人；归根结底，是我“看”到他人在“看”我……“看”生动体现了主体性与客体性交织的我与他人的微妙关系，揭示了人的存在实际上是与他人发生一系列关系的存在。

在此，默多克与萨特的关注点再次错开，萨特把他人看作剥夺我主体性的“敌人”，而默多克则把他人看作我应当了解的对象。此差异导致两人道德观上的不同，默多克建立了以“善”为核心、关注现实和他人的道德哲学，而萨特虽然有心却无力达成他对伦理学的真正介入。

第三节“‘意识’的现实”通过比较默多克与萨特“意识”观上的差异，分析了前者观点的现实性。萨特“意识”说在默多克看来存在着某些缺陷，客观上导致其理论缺乏现实性。

（1）虽然萨特强调反思能力，但他关注的是“理性”本身，而不是“理性”的认识功能，客观上削弱了对“意识”所指向的“对象”的关注。“理性”逐渐蜕变为“个人意志”，而不是向世界和他人敞开的积极“反思”。人生逐渐蜕变成满足个人欲望，而不是不断学习、进步、自我提升的历程。

（2）虽然萨特提出的“为他的存在”已经为人与他人共在的“集体”状态提供了理论基础，但他为了突出“自我意识”，坚持把“我们”这一存在状态排除在人的本体存在之外。他看到的更多是主体性之间的冲突，而不是人与人的和谐。在默多克看来，萨特的做法是武断的。在现实生活中，我们离不开他人的存在，他人像我需要他们一样也需要我。

（3）萨特把“反思的自我意识”当作“至高的德性”，以“自由”为基准提出“诚实”/“不诚实”价值说，把无所谓善恶的“自由”本身当成“价值”的源泉，并不适用于具体生活。在默多克看来，萨特所犯的这一谬误实际上是将道德问题简单化了。

（4）萨特所说的“责任”也存在着谬误。他认为人的“责任”是完全的责任，不仅对其自身负责，也要对全人类、全世界负责。但默多克认为，一来，人对其所处“境遇”没有责任；二来，对社会、历史的“责任”更多还是由集体而非个人承担的。萨特的“责任”说最终也落脚在唯我主义上，受到默多克的批判。

第三章“自由：自我的挣脱”从理论性、现实性和道德性三个角度辨析默多克的“自由”观。默多克在“意识”论的基础上肯定“人是自由”的，同时批驳了萨特式存在主义以“个人意志”为核心的“自由”观，认为后者在很大程度上反映了人们通常对“自由”的误解。在她看来，“自由”和“道德”是合而为一的，真正的自由其实就是“道德性自由”。

第一节“理论性/哲学性‘自由’”以“意识”论为基础，从理论层面上分析了作为概念的“自由”。

（1）人的“自由”是与其“意识”共存的一种能力。①“自由”与“意识”的虚无性有关；②“自由”与“意识”的辩证性有关；③“自由”与“意识”的反思模式有关。“自由”不是附着在人的存在之上，而是植根于存在最深处；人不仅生而自由，而且人就是“自由”，正如人就是“意识”。

与萨特不同的是，默多克认为“理性”是包括“想象力”的“冥想”，是“知识”的形式，“理性”、“知识”和“想象”都是来自“自反性”的

“自由”的体现，是人类固有的认识、思辨、追求对象的能力。

（2）“自由”也是虚无的，不是可以“是其所是”的“物”；它只能体现在各种自由的思维活动以及这些思维活动所促成的各种选择和行动中。作为一种自由思考、选择、行动的能力，“自由”既不能给予或剥夺，也不能搁置一旁悬置不用。“自由”在其实践中发现先验“意义”、“本质”的不存在，发现了“偶然性”，感受到“焦虑”。

（3）根据“意识”的三种模式，可以在三层意义上理解与“意识”相生相随的“自由”。①“自由”是人类“意识”的特性；②就“意识”的反思模式而言，“自由”具有“破”与“立”两种力量；③在“为他的存在”意义上，“自由”体现为对理想社会状态的渴望。

第三个层次的“自由”反映了人类追求理想的天性。但在“我们所追求的理想究竟如何”、“我们如何追求”的问题上，默多克和萨特产生了分歧。在默多克看来，萨特和康德犯了同样的经验主义错误。默多克反对把“个人意志”的实现与“自由”的实现混为一谈，认为要建立站得住脚的道德伦理思想就必须对“个人意志”进行提纯。

第二节“现实性‘自由’”从反思意识的角度辨析“自由”的真伪两面性和实现真正的“自由”的途径。

（1）默多克认为自由具有“真”、“伪”两面性：夸大个人意志、以自我为中心的“为所欲为”式“自由”，迎合自私欲望，缺乏现实性，既是唯意志论的特征，也是历来大多数人对“自由”的误解，实际上是伪自由；真的自由不是幻想个人意志能够超越一切，而是努力认清现实、去除自我，是对自身局限性的突破。

（2）真正的“自由”首先是努力澄清“视景”，并在准确的“视景”基础上恰当地选择、行动。“视景”不仅体现了人通过主体性反思所形成的关于其所处世界的“知识”，同时也包含了她/他对其世界的“冥想”。“视景”不仅是、也应当是不断刷新的，体现为多重反思意识，它指向的真正对象是“世界”，其任务是无限接近“是其所是”的对象。

通过“视景”，默多克的“自由”把“学习”与“创造”、“思想”与“行动”、“我”与“他人”、“人”与“世界”有机地构成“多价化合式联合体”，把我们的关注中心和热情，从“自我”转移到“现实”，从顾影自怜的狭隘走向关注世界和他人的广阔。

（3）在“视景”不断澄清的过程中，达到“去自我”的境界。默多克相信，对“自我”的关注，妨碍我们对世界、对他人的关注，使我们无法获得促成恰当选择的清晰“视景”，在她看来，“自我意识”恰恰是“自由”的实践被妨碍的体现。从“自我中心”向“他人中心”转移是对默多克所说的人类自私天性的克制，客观上是对“利他主义”的追求，实际上是道德伦理的目的或境界。

第三节“道德性‘自由’”以反思意识模式为基础，辨析了“自由”与“道德”不分彼此的逻辑关系。在默多克看来，真正的自由总是与道德相关，因为生活就是形形色色的价值判断，离开“道德”，就无法定义“自由”。

(1) 人作为“是其所非”或“非其所是”的“自为的存在”，其存在越是虚无、荒诞、偶然地无根基，人就越是渴望为自身的存在创造出实在的根基，使在世的生活变得“有意义”。人生本无先验的“意义”，但“意义”却是“自为的存在”所追求的终极目标，它使非秩序、非体系的存在显得有秩序、有体系。这种追求就是人类对道德伦理的诉求。

(2)“自由”创造、追求“意义”的过程是积极“介入”的过程。“介入”是人无法逃避的命运，正如无法摆脱“意识”、无法摆脱“自由”。无论人是否承认“自由”、是否积极“介入”、是否愿意承担“责任”，都反映了她/他的价值判断，她/他对这一切负有无法推卸的道德性“责任”。

(3) 作为虚无的“意识”的人，其在世存在实际上就是无时无刻地“看”对象，并在看到的“视景”基础上进行选择、行动。人对其所“看”——即“判断”——的对象具有主观选择性，已经包含了自己的价值标准及价值判断。力求清晰、准确地认识“现实”是对“视景”的“责任”，是对“世界”的责任，是对“世界”的道德性“责任”。在默多克看来，真正自由的人。并不是实现个人欲望的人，而是有“德性”的人。不联系“德性”就无法从根本上定义道德性“自由”。

第四章“道德：向善的朝圣”从道德概念、道德历程和道德信念三个方面辨析默多克的“道德”观。对道德问题的探索，在默多克的哲学研究和小说创作中占据最重要、最主要的地位，其道德哲学研究是对道德范畴的基本概念进行元伦理学式的辨析。她认为道德哲学一方面应当具有现实性，另一方面则应当向人们推荐有价值的道德理想，而不能以中立为目标。在她看来，“善”可以作为道德信念甚至生存信仰加以追求。

第一节“‘道德’的概念”辨析作为“道德”的特点，以及“道德”和“自由”的关系。默多克认为“道德”不是客观存在的“物”，而是概念的衍生。体现为社会规则的“道德”，具有客观性特征；但从道德行为人的角度来说，它又具有主观性特性。“道德”有其产生背景，并随背景的变化而变化；不存在任何脱离背景而存在的绝对或纯粹的道德。“道德”受“意识”特征的影响，具有丰富性、多样性、复杂性。在默多克看来，试图消灭差异性、充当普遍真理的范式只能是其建构者的个人道德。道德的进步，不是寻求或发明“体系”，而是要丰富、深化道德概念。

（1）“自由”是默多克道德学说的出发点，它与“道德”融为一体。“自由”通常被视为“道德”的先决条件：只有当道德行为人是自由的，才应当为其行为负责。但这种“共识”实际上是把“自由”分裂为二。此悖论产生的根源在于默多克所说的“自由”的真伪两面性。默多克认为，“自由”本身就是一个始终与道德相关的道德性概念，而不仅仅是“道德”的先决条件。“道德”不是对“自由”的限制，而是“自由”的实现、体现。

（2）“道德”的轴心与“自由”一样，是“现实”。“现实”一词的描述始终是哲学上的难题，但默多克认为，哲学的任务不是在这个问题上纠缠，而是要认识到人类思想的局限性。在她看来，“现实”不仅是一切“事实”的总和，而且远远超出理性所能把握的疆域，它是偶然性的，而非直接呈现给“意识”“所予的整体”。因此，迷恋代表终极整体结构的“形式”，有害于我们对“现实”的关注和认识，实质是寻求“慰藉”的欲望的体现——因为恐惧“偶然性”。

（3）无论对“自由”还是“道德”而言，“自我”都被默多克视作最大的敌人，它的膨胀使我们看不清最应该、最需要看清的现实。固执于“自我”，妨害了对世界和他人的关注，与“道德”所要求的以他人为中心背道而驰。但是，这个需要去除的“自我”，是被实体化的自我。“意识”的特性决定了“自我”不可能是能够以其自身来显现其存在的实体，而是始终变化的。把“自我”实体化是对“意识”活跃性的妨害，亦即对我们与生俱来的“自由”的妨害。

第二节“‘道德’的历程”对“知识”、“想象”、“信念”等实现“道德”的手段进行了概念辨析。人生不仅是认识、肯定自身的过程，也是为自己设立目标、谋划自身未来的过程；不仅是实现自由的过程，也是道德进步的历程；是以现实为基础的一个学习、创造和追求的过程。

（1）“知识”是我们与“现实”相联系的重要方式，有助于看清真相。

①默多克所说的“知识”，包括一般意义上能够传授、分享、具有一定普

遍性的人类“意识”的产物，以及个体对自身、所处境遇、他人等对象的主观认知。作为“意识”的产物，“知识”不是确凿的、可靠的，而是需要不断反思、提纯的；其不可能是实体，而始终在趋近真知的活动中发展变化着。

②“知识”不能被等同于非个人性的“科学”，从而变成与“道德”并列的分离概念。默多克反对将“道德”排除在“知识”之外，事实上，她的重要概念，如“爱”、“艺术”、“德性”等，都属于“知识”范畴。正是通过这种非实体的“知识”，“意识”得以和它所指向的“对象”联系起来，即人与其外在和内在有机地联系起来。

③默多克反对将“他人”排斥在“知识”之外，无论是“他人”的存在还是“他人”与我的联系，都是“我”应当努力了解的对象。在萨特看来，“他人”妨害着我的“自由”，是让我厌恶、恐惧的对象，因此，与他人和谐共处不仅困难，而且是不可能实现的任务。这一矛盾被默多克的“知识”观迎刃而解！

（2）认识“现实”的过程中，必然运用“想象力”：在尝试了解“看不见”的那部分时，我们借助想象力；事实上，在任何“看”的过程中，都或多或少地使用了想象力。默多克把“想象力”分为“想象”和“幻想”：前者是以现实为基础、为对象，后者则是脱离现实、满足个人欲望；前者有助于人们接近现实，是对“想象力”好的应用，后者使人远离现实，是对“想象力”的不良使用；前者体现真正的“自由”，有助于“道德”的实现，后者以自我为中心、使人看不清现实，是“自由”和“道德”的敌人。战胜“幻想”，发挥“想象”，是“自由”的实现，也是“道德”的实现。由于想象力的运用，才可能有各种为我们提供能量的“信念”。

（3）“信念”所关注的对象不是已经被逻辑证明的事实，而是借助“想象力”自愿相信尚不能在逻辑上确认的东西。它可能出于“想象”，也可能出于“幻想”，但都不可避免地染上想象者的个人特征。默多克认为标准意义上的“信念”能够产生积极的心理能量，这在宗教“信仰”中表现突出。默多克对宗教的关注，出自对道德研究的热忱，因为宗教信仰总是包含着道德内容。

但是，她认为宗教具有两面性。一方面，宗教是“道德”的朋友。它不仅本身包含着道德观念，而且能够使人的关注焦点从自我转向非自我的对象，客观上达到关注现实、去除自我的效果；另一方面，宗教又是“道德”的敌人。它诱使人们想着天堂而不关心改变世界，妨碍我们思考如何改变社会；

同时，宗教是“权威”的化身，使人们认为“服从”是理所当然的事，与“自由”相矛盾。

归根结底，是人造了神，因为人们需要“信念”。

第三节“‘道德’的信念”主要辨析作为信仰对象的“善”的特征。人的一切都与道德相关，生活是道德性生活，自由是道德性自由，信念是道德性信念。人需要信念为他提供源源不断的动力，以缓解伴随其虚无而产生的焦虑。对宗教的无条件信仰随着科学的发展已经变得不太可能，我们更愿意相信得到理性保证、逻辑证明的东西。默多克认为，把神当作信仰对象不能根本地满足人们的需要，真正堪做“信仰”对象的，是“善”，而非“神”或“上帝”。

（1）默多克借用柏拉图对“善”的比喻，认为人生就像从只有火光的洞穴走向阳光照耀下的真实世界的历程，在“太阳”，即“善”的照耀下，我们才能看清现实，走出自我幻景。与柏拉图不同的是，默多克认为，虽然“太阳”就在那里存在着，但我们却无法看见“太阳”本身，好比凝视太阳只会眼花缭乱，最后什么也看不见。换言之，“善”对人类而言，永远只是彼岸。

（2）“太阳”不过是“善”的形象化比喻，实际上，“善”不是像自然界的太阳那样能够“是其所是”的“物”，而是包含客观性和主观性的概念。如同“红色”的概念，既不是外在于人的客观之物，亦非纯粹虚无的人的主观臆想。“善”的存在像“红”一样确实，又像“红”一样难以定义和描述。

（3）默多克认为“善”的概念具有不可界定、不可描述性，是神秘的。

①无论从客观性还是主观性的层面看，“善”都不可能具有确切的存在状态。作为非纯粹主观性的概念，“善”分享了世界的偶然性，因而是非秩序的、非系统的、丰富多样的；作为非纯粹客观性的概念，“善”又分享了“意识”的虚无性，是闪动的、变化的、不稳定的。

②“善”的神秘性是因为“人”的局限性。对“善”的追求是“反思”的体现，它是人对现实的关注，包括了“人”和“现实”两方面因素。作为局限性的存在，人难以真正、更无法完全了解涵括我们的无限的、莫测的“现实”，因此也无法彻底把握和现实有关的“善”。

③“善”的不可定义性、不可描述性以及神秘性，归根结底是因为“善”是先验的。我们能在太阳光芒的照耀下看见一些真实东西，却无法看见全世界，更无法看见照亮全世界的太阳本身。“善”是我们“知识”的对象，

但“知识”无法包含它。

④在默多克看来，“善”足以取代对以往的上帝或其他诸神的“信仰”。a.“善”是必然的，它提供了实现“自由”和“道德”的全部所需，“善”无处不在，如同“上帝”一样。b.“善”具有确定性，但这种确定性实际上却无从证明，正如“上帝”的确定性一样，所有的“证明”骨子里不过是“信”而已。c.“善”是无条件、无目的的，如同约伯的“上帝”；有目的的“善”，则像约伯四友的“信”，是有所图的功利，并非真正的“善”。d.“善”和“上帝”一样具有完满性，对完满的追求，实际上是对秩序的渴望，在偶然性的世界中只能是梦想。因此，虽然对完满的追求使人产生动力，但它可能只是“虚空”的。无目的的“善”，就是向着“虚空”的追求。

默多克认为，一切皆空正是伦理学的起点和终点。因为“善”的不可能，我们爱它，如同爱宗教的神秘事物。对“善”的爱，需要的不是本体论证明，而是借助道德想象不懈地认识现实、突破自我的道德努力。在追求“善”的过程中，人得以不断超越自我、了解世界和他人，积极地实践与生俱来的“自由”、实现“道德”提升，从中获得稳健和持久的生存动力和热情。

通过第一章对“存在主义”的勾勒到第二、三、四章对默多克“意识”观、“自由”观和“道德”观的概念辨析，我们不难发现，默多克和萨特以及存在主义之间的确存在明显分歧。虽然他们都认为世界是偶然性的、多样性的，都尊重人的自由、个体性，都承认思想的复杂性、差异性，都反对“体系”、“形式”，都把人放在与他人、世界的关系中加以考察，但是，以萨特为代表的存在主义所关注的焦点在于关系中的“我”，默多克则重视关系中的“他人”和“世界”。但从分歧的性质来看，默多克与存在主义者的分歧，是在其他存在主义者之间常常发生的那种分歧；默多克思想与存在主义的距离，是各种存在主义思想之间的那种距离。

分歧不是本质上的，产生的效果、影响却有可能不同，甚至大相径庭。默多克的理论使人谦逊、平和，萨特式的存在主义则可能使人狂妄、自私；默多克的理论为我们指出了追求方向，既尊重自由又追求道德，萨特式的存在主义虽然解放了人，却没有告诉他们走向何方，往往在荒诞中打转，萨特文学作品中的人物大都如是。默多克哲学有着与存在主义相同的根，但长出来的却是另一株大树。

从“根”的层面上说，完全可以把默多克看作存在主义者，她的哲学弥补、完善了萨特式存在主义的粗疏和谬误，相当于存在主义伦理学。从“树”

的层面上说，默多克哲学的重点在于个人的“道德”修为，产生的效果和抱怨他人、世界妨碍我自由的萨特式存在主义截然不同，用传统意义上的“存在主义”指称默多克的理论，易导致误解，故我们用一个新术语——“类存在主义（quasi-existentialism）”——概括以默多克哲学为代表的思想态度：生而自由的人在偶然性、无意义的世界中如何通过与他人、世界和谐共处的努力来创造自己的意义和信仰。

无论是基督教存在主义者还是无神论存在主义者，其首要目的都是把“自由”还原到人的根本存在之中，而萨特在“自由”的推动工作上，成效尤为显著。默多克在《萨特：浪漫的理性主义者》开篇指出，对于早就知道“上帝死了”又饱尝“二战”折磨的战后的欧洲人，萨特学说如同新的宗教。本书的论证说明，人是需要信念的一种存在，上帝的死亡导致传统信仰的丧失，战争的摧残又令人们对世界感到失望，“信念”似乎无处可寻。萨特告诉人们，“意义”不在外部而在于“我”自身，这使彷徨的人们在自我依靠、自我肯定、自我谋划中找到了新的希望，难怪萨特在布鲁塞尔受欢迎程度竟可与摇滚红星相比！

然而，“矫枉”常常“过正”，萨特对“个人意志”的偏爱造成其学说上的谬误，譬如将“自我”、“知识”等概念实体化，最终陷入他自己也批判过的“唯我主义”，无法真正建立存在主义伦理学说。继之而起的默多克通过对萨特理论谬误的批判，始终将“意识”维持在活跃状态，真正坚持了与生俱来的存在主义“自由”。与“红”、“太阳”联系在一起理解的“善”的理念，因其不可界定、不可描述而神秘，信仰者必须始终保持积极的反思，于是，“自由”与“现实”、“道德”等概念联系起来了——一切存在经由“意识”融会并和谐。默多克本身就是一位反思能力非常强的睿智者。她认识到道德哲学的进步在于对概念的不断深化、对思想不断地“破”与“立”，而且，任何理论“都一半是描述，一半是说服”①。

“说服”往往包含了个人成分（也容易成为被攻击的要害）。事实上，默多克和萨特之间的哲学分歧和他们的个人成长环境有一定关系。默多克和萨特都出身于知识分子之家，受到良好而系统的教育，从青年时期开始研习哲学。但是，默多克生活在一个充满和谐之爱的健全而平等的家庭。在那个要求妻子操持家务的年代，默多克的父亲却身兼父母双职，与她关系非常密切，

① Iris Murdoch, "Metaphysics and Ethics", *Existentialists and Mystics*, 1997, p. 75.

对她影响很大。默多克后来在小说中不止一次表现过儿童时期的生活对一个人未来的影响。从默多克自述以及旁人的回忆、研究中都能看出，她是一个不太关注自己的人（据说她的头发好像被园丁胡乱剪出来的一样），曾表示她向来缺乏个人身份意识。

萨特则是遗腹子，被母亲带回外祖父家养大。他在回忆资料中谈到自己和母亲的关系时说过，他的母亲是家里的受气包，像女仆一样战战兢兢，不像母亲，更像姐姐。他自己则被身为专制家长的外祖父当成王子一般宠爱（后来他和波伏瓦的爱情被他俩称为“王子”和“平民女子”的爱情）。据说，外祖父有时候会把女性（外祖母和母亲）赶出书房，将萨特抱在膝盖上进行所谓的“男人们的谈话”。在波伏瓦对他个人生活的访问中，萨特显示了露骨的自我中心主义。此外，他从小就知道自己相貌丑陋，而且有斜视眼疾。多年后他仍然无法忘记儿时的一幕：某天他被带到理发店剪短了一直蓄着的女孩式头发（用来遮盖斜视的眼睛并修饰脸型），露出真面目，踏进家门的那一刻，所有人都被他的丑陋惊呆了。萨特在私生活中所显示的病态的唯我主义，更像是深层自卑的反弹。

人们常说“性格决定命运”。不同的成长环境，特别是家庭环境，必然影响人的性格，从而使其“看”自己、“看”他人、“看”世界的方式有所不同。毋庸置疑，默多克和萨特作为两个具体的个体存在，其性格存在着很大差异，习惯于“和谐”、“平等”的默多克和习惯于“特权”、“歧视”的萨特，其关注中心和思想立场自然会有所差异。当萨特喊着“我！我！我！”的时候，默多克却强调要想“自由”就要“去自我”；当萨特说“他人是我自由的敌人”时，默多克则认为要把“他人”作为我“知识”的对象去了解、尊重……

无论是存在主义者之间的分歧，还是默多克对萨特学说、存在主义的批判，都体现了世界的多样性和思想的差异性，以及“完美”或“绝对”的不可能性。“要知道存在之根、源泉和本质，并不在所发现的东西里，而在所有隐藏的东西里：上帝是隐在的上帝”[①] ——如果“上帝”代表着终极真理、完美、绝对的话。

探索之路永无止境！

---

① ［俄］舍斯托夫．雅典与耶路撒冷．张冰译．上海：上海人民出版社，2004. 338

第一章　存在：源流的勾勒

根据乔治·斯坦纳（George Steiner）的概括，默多克热衷引述的思想家大致可为四类：①以柏拉图、康德为主，包括休谟在内的经典类；②摩尔（George Edward Moore，1873—1958）、黑尔（Richard Mervyn Hare，1919—）、汉普舍（Stuart Hampshire，1914—）、维特根斯坦等一批“牛桥”（Oxbridge）精英；③萨特、海德格尔等存在主义大师，以及以西蒙娜·韦尔（Simone Weil，1909—1943）为主、回溯到帕斯卡（Blaise Pascal，1623—1662）、克尔凯郭尔的神秘主义者；④马克思和弗洛伊德。

默多克在不同程度上对他们的思想进行取舍，其涉猎的广泛性与复杂性使我们很难确定她应当归属什么“主义”，或继承了何人的“衣钵”。她对柏拉图学说的推崇是显而易见的，并视他为最好的哲学家。从这个意义上看，或许可以称她为柏拉图主义者。但她的思想又包括了很多其他成分，譬如本书提到的存在主义。其理论主张的复杂性说明：一个人的思想是在人类已有的精神成果基础上逐渐形成的。任何能够多少包含一些真理的思想理论，实际上都是汲取众家之长的“大杂烩”，而且，就像默多克说的，如果某种理论自我封闭为一个“体系”，也就成了理论家自己臆造的东西。

默多克研究哲学的目的，不像某些人那样是为了在理论世界霸占属于个人的“一亩三分地”，而是为了孜孜不倦地追寻世界、人生的真谛。其理论不是可以贴标签的封闭“体系”，而是欢迎从多重角度对它进行理解、阐释、补充的开放结构。本书从以萨特为代表的存在主义开始，对默多克哲学思想的几个核心概念进行辨析，试图为其没有“体系”的理论梳理出逻辑框架，可视为多重角度之一种。在正式进入对默多克哲学的研究之前，本书不得不先对“存在主义”一词进行限定，以免产生不必要的争议。

“存在主义”的界定始终面临困难，因为它从未形成自己的完整体系，而是在哲学、文学、伦理等范畴表现为一系列的观点、主张；况且，即使是公认的存在主义者，他们之间也存在各式各样的分歧。有些学者甚至根本不承认“存在主义哲学”的存在，考夫曼的观点具有代表性：

“存在主义不是哲学，而是给针对传统哲学的几种相差很大的反叛所贴的标签”；而且，“大多数在世的‘存在主义者’都批判这个标签”；特别是，存在主义者之间的分歧很大，在任何“存在主义者”名单上都会出现的三个人——雅斯贝尔斯、海德格尔和萨特——在本质问题上就互不一致，“一个不知所措的局外人可能得出这样的结论，那就是，他们唯一共同的地方是他们互相之间显著的厌恶”；至于帕斯卡、克尔凯郭尔等所谓先驱者，从他们对基督教的忠诚度来看，也和前面三个人不同。不仅如此，就算是帕斯卡和克尔凯郭尔之间也有区别，前者是天主徒，后者则是地道的新教徒；另外，被包括进来的尼采、陀思妥耶夫斯基，一个是“热烈的反基督者”，一个则是“狂热的希腊—东正教的俄帝国主义者”；还有被加进来的里尔克（Rainer Maria Rilke, 1875—1926）、卡夫卡和加缪等作家，除了热衷于个人主义之外，他们之间的共同之处相当的少。因此，“存在主义既不是思想流派，也不能还原（reduce）为任何一套原则”。①

考夫曼所列举的种种问题作为事实存在着。如果“思想流派”意味着没有内部分歧，意味着有一套自圆其说的“原则”，那么，“存在主义”的确不是人们习惯中认为的“流派”。实际上，本书的目的也不在于把“存在主义”定义为“流派”，更无意于把它定义为传统意义上的“流派”。

从对存在主义的梳理中不难看出，它所主张的“自由”、“偶然性”等概念业已否定了“体系”存在的可能性，也否定了毫无内部分歧的“流派”存在的可能性。哲学的目的是发现真理而不是建立“体系”或组织“流派”；即便形成了“体系”或“流派”，那也只是客观结果，而不应该是哲学的目的。

存在主义本身确有理论缺陷，但任何理论都是如此，区别只在于缺陷不同、程度不同、影响不同罢了。如果仅仅把存在主义没有形成“体系”、“流派”当作它的缺陷加以批判，不仅是舍本逐末，而且表明批判它的人本身对“体系”、“流派”的渴望与迷信，不过是妄想寻找一把开启世界大门的万能钥匙——这注定是个梦！

---

① Walter Kaufmann, “Existentialism from Dostoevsky to Sartre”, *Existentialism from Dostoevsky to Sartre*, selected and introduced by Walter Kaufmann. Penguin Group (USA), 1975, p. 11.

还是弗里德曼（Maurice Friedman）的看法比较中肯，“‘存在主义’不是一种哲学，而是一种囊括大量完全相异的哲学的状态，它们之间的差异性要比把它们统一起来的那种趋势更为基本”，它是“一种指向特例的运动方向，但它不是、也永远不能是在损害一般性和抽象性的基础上对这些特例的结合”①。因此，他不是把“存在主义”看作某个时代、某个学派、某些人的孤立产物，而是追根溯源，把它放在哲学发展史中加以勾勒。

“存在主义”不是封闭的，也不是凭空产生的，它前有古人、后有来者。弗里德曼所编的存在主义哲学文集《存在主义世界》（*The Worlds of Existentialism*, 1964）中“世界”一词，用的是复数，而非通常的单数，内容则从古希腊哲学经典开始收录，不仅包括基督教的《圣经》、伊斯兰教阿訇的著述等，甚至马克思的《劳动异化》也在其中，以及弗里德曼本人和一些当代哲人的论著。

貌似芜杂、矛盾纷呈的情况并不意味着因此就无从界定存在主义。能被人们称作“主义”，必定是因为某种共同特点的存在。没有共同的“面”，我们可以寻找有共同性的“线”；即使没有这样的“线”，还可以辨析散布各处的“点”，即存在主义者常用的关键性概念。

事实上，具有活跃性、无限可能性的“点”恐怕才符合标举“自由”的存在主义的设想。况且，根据科萨克的发现，存在主义者是有共同之处的，他们都明确地把人的存在作为哲学的研究对象与核心问题，表现出一种“特殊的理智状态”②。

存在主义的这些“点”，从它们试图解决的问题上看，“大致”可分为三类：一是关于“世界”的概念；二是关于“人”的概念；三是关于“人的生活”即“人生”的概念。之所以用了“大致”一词，是因为这些概念的内涵和它们可以解释的对象之间并非泾渭分明，而是互有交叉且常常可以互为佐证。这种粘连，是否可以被视作“体系”特性呢？

如弗里德曼所说，存在主义是“一种倾向而非一个平台”，“在其独特性中理解一个特例的存在主义思想家，比所有普遍性的定义更为重要”③。既然

---

① Maurice Friedman, “Introduction”, *The Worlds of Existentialism*, edited with introductions and a conclusion by Maurice Friedman, New York: Random House, 1964, pp. 3 – 5.

② ［波兰］科萨克．存在主义的大师们．王念宁译．北京：中央编译出版社，2002. 3

③ Maurice Friedman, “Introduction”, *The Worlds of Existentialism*, 1964, pp. 4 – 5.

本书关注中心是默多克的哲学思想以及它与以萨特为代表的存在主义的关系，在辨析存在主义有关概念的时候，对萨特这一“特例”有所偏重也就不足为奇了。

第一节　关于“世界”

虽然“存在主义”一词是在第一次世界大战末期由法国哲学家马塞尔（Gabriel Marcel，1889—1976）引入，但它的理论渊源可以追溯到常常被人们划入存在主义阵营的尼采、克尔凯郭尔等人。弗里德曼甚至说，“和巴门尼德对不变的一（One）的坚决主张相比，柏拉图是存在主义者”，可是，“和柏拉图对永恒形式或理念的现实性的坚决主张相比，他的弟子亚里士多德是存在主义者”[①]，所以，“存在主义”的世界不是单数的一个，而是复数的多个。他的观点无疑有助于我们抛开成见的限制，真正去尝试理解所谓的“存在主义”。毕竟，这些哲学家都想回答“世界是怎样的”这一问题。

1. 世界是虚无的（nothing）

一般来说，“虚无”（nothingness）也被称作“否定”（negation）、“不存在”（not-being）或“无”（nihilation），自前苏格拉底（Pre-Socratic）时代的哲学家开始，就一直是“令人困惑的难题”[②]。巴门尼德说“不存在”不可说，柏拉图说它其实也存在着（exists），亚里士多德说它不具有任何性质。存在主义者海德格尔、保罗·蒂利希都谈到“虚无”，但萨特关于“虚无”的阐释最为清晰、简洁，在某种程度上解决了这个历史悬疑。

有人因萨特哲学不够艰涩而嘲讽他根本算不得是哲学家，然而，正是由于萨特的理论阐述比较通俗易懂，才使存在主义哲学广为人知并产生巨大、深远的影响。探索真理的哲学也肩负着传播真理的责任，如果艰涩得无人理解，就无法完成其神圣使命。故意卖弄玄机、玩弄概念，无异于视知识为个人的玩物，其思想也就在某种程度上丧失了本应具有或可能具有的认识价值；此种手法或有助于热衷它的人在外行人面前树立“高大”的个人形象，但在

① Maurice Friedman，“Introduction”，*The Worlds of Existentialism*，p. 5.

② ［英］尼古拉斯·布宁，余纪元．西方哲学英汉对照词典．王柯平等译．北京：人民出版社，2001. 689

明眼人看来，恰恰露出他一知半解的“怯”来。

“虚无”是萨特哲学代表作《存在与虚无》（*Being and Nothingness*）的基础，主要得益于他对“意识”的研究（详见第二章第一节“‘意识’的存在”）。在萨特看来，笛卡儿信心十足的哲学第一原则“我思故我在”（Ego Cogito Ergo Sum），以及胡塞尔对它进行还原所得到的“先验自我”（transcendent ego）都不纯粹，故不能作为哲学的出发点，真正的出发点应该是虚无的“纯粹意识”（pure consciousness）。

萨特通过一番论证得出：①在笛卡儿所提出的“我思”（Cogito）之前，“意识”已经开始活动，呈现出“伪我思”（pseudo-Cogito）状态，亦即“前反思意识”（pre-reflective Cogito/consciousness）；②而胡塞尔的“自我”，不仅不可能是“先验的”，反而是“我思”或“反思意识”（reflective consciousness）“发现”了作为“意识”所指向的对象的它。

这个最为根本的“纯粹意识”存在着，但它是虚无的，如同“力”一样，不能通过它自身来显现其存在，而需借助外物。即在反映对象的过程中，借助对其对象所具有的反映功能来显示其自身。因此，“意识”总是指向对象，通过各种“关于对象的意识”显现它自身的存在。胡塞尔所谓的“先验自我”，实质是“关于我的意识”，而不是“纯粹意识”本身，因而也就不能成为最纯粹或不可再还原的哲学出发点了。

其实，从词语的结构上也可以看出，“关于我的意识”还有一个“我”需要清除，而“意识”（或“纯粹意识”）则只有“意识”自身，即无可还原。再者，倘若“意识”不是虚无的，而是像实体一样能够以其自身显现其存在，那么它就无需指向外部对象，这样一来，就不一定会产生“关于对象的意识”。换言之，“意识”可以不反映对象了，通俗地说就是，我们的大脑可以不运作了。这显然是不可能的，至少笔者举不出任何例子可以表明：一个大脑健全的活生生的人，其精神可以在某个时候保持真空般的停滞状态。

萨特进而指出，当“意识”指向某个对象的时候，同时会意识到它自身乃是“关于该对象的意识”——没有对象的“意识”是不可能的，于是，在“意识”自身和它的对象之间出现了空当。借助这一空当，“意识”使自身脱离了对象，与后者拉开距离。于是，“意识”在与那些不是“意识”自身的对象发生关联时，它认识到自己的虚无性。当“意识”——即人——体验到这种“虚无”，也就体验到自身存在的无根基性、体验到世界的虚无性。

这里所说的“世界”，首先且主要是指与我们息息相关的“人的世界”，我们和他人、外部存在在其中发生各种关系，而我们就在各种关系中现实地存在着。萨特在《存在与虚无》的导言中说，“桌子在知识之先，并且不能被等同于我们关于桌子的知识；否则，它就会成为意识——也就是纯粹的内在——作为桌子的它就会消失掉”①。此处“关于桌子的知识”，从本质上说，就是经过“反思意识”加工处理之后的、最早出现在“前反思意识”中的那个“关于桌子的意识”，它是一种关于对象的“意识”，而非“对象”本身——“桌子”。

“人的世界”在性质上如同“关于桌子的知识”，而不是原本那个不需要人的“意识”加以反映就可以自在的那个客观世界。在这个意义上，当我们说“世界”，它只是我们所见、所感知、所思考的“世界”，是被我们的“纯粹意识”“摄入”的种种“关于世界的意识”，是来自虚无的纯粹“意识”的精神产物，而绝不可能是没有人类也可自在的那个先验的世界。所谓“摄入”，只是一种比喻，并非指“关于对象的意识”因变成了“意识”的内容从而使它不再虚无了。“意识”不是容器，它只能指向“对象”而产生“关于对象的意识”，绝不可能把“对象”纳入自身，以改变自身的虚无。

既然我们所谈论的“世界”，其根基是虚无的“意识”，它就不可避免地虚无了，如萨特所言，“客观性绝不会来自主观性，先验性绝不会来自内在性，存在（being）绝不会来自非存在（non-being）”②。在现实生活中，纵使我们千方百计尝试变得客观，也始终是主观的，我们每个人都只能依靠主观性的“意识”去认识先验的世界；纵使我们千方百计要为自己的“世界”寻找稳固根基，最终也只能是徒劳无功，因为它作为“关于世界的意识”，既不能被等同于纯粹的“意识”本身，也绝不是“先验世界”本身，它被抛入纯粹“意识”和“先验世界”之间的空当——无。

同时，那个不需要我们人类就可以、已经自在的纯粹客观的世界，在“意义”（meaning）丧失的层面上，也是虚无的。因为人类所说的“意义”只是对人类而言才有意义（meaningful），倘若这一物种消失，其所谓的各种“意义”也就随之消亡。世界本身没有任何“意义”，所有的“意义”都是我们附加其上的；继而可发现，各种存在本身（包括人类的存在）也没有任何

① Jean-Paul Sartre, *Being and Nothingness*, translated by Hazel E. Barnes, with introduction by Mary Warnock, London: Routledge, 2001, p. xxxiii.

② Ibid, p. xxxvii.

"意义"。

另外，虽然这个世界客观地自在着，如果不被我感知，那么，对我而言，它就不存在，在这个层面上，它也是虚无的。就此而论，说存在主义是唯心主义的确没有冤枉它。但问题在于所谓"唯心"和"唯物"，不过是两种认识世界的方式或视角，它们的关系，不是"错误"与"正确"的关系，而是同一对象所具有的不同两面的关系：一个从精神角度看世界，另一个则从物质角度看世界。两种方法论互相攻讦，不仅没有必要，而且白费唇舌。如果仅仅由于存在主义是唯心的就妄加批判与摈弃，这种态度本身就不客观，更何谈接近真理？

大至世界，小如某事件，都如盲人摸象寓言中的象，我们摸来摸去，始终不可能摸到全象，不过是"一知半解"。既知如此，便应对各种观点持宽容、理解态度，那些以真理代言者自居，恨不能把异端一棍子打死的人，与疯子无异。无怪乎"大音希声"、"大象无形"，最叫嚣的往往是最无知的。

2. 世界是荒诞的（absurd）

存在主义所说的"荒诞"，一是指对人的理性的超越，二是指世界的无意义。此二者其实是"虚无"直接引发的两个结果。

（1）对"理性"的怀疑。作为非理性主义哲学的存在主义，并非拒绝、否定理性，而是质疑、否定理性的万能。事实上，默多克认为萨特本人就是理性主义者，只不过是一个"浪漫的"理性主义者（详见本书第二章）。"理性"固然是我们的主要认识能力，但它绝不像理性主义所相信的那样神通广大、所向披靡。存在主义者不相信通过"理性"能够真正企及绝对的真理——假如有绝对的真理存在着。按照萨特的逻辑，"意识"虽然以先验世界为对象，但它无法"吞噬"其对象，也就是说，我们绝不可能按照其"本来面目"来把握自在的客观世界——包括理性主义相信存在的绝对真理。

理性主义对"终极"、"绝对"、"普遍"的热衷不过是对"理性"力量的过度迷信。在这种迷信背后，隐藏的是人类妄图一劳永逸地掌控世界的欲望和野心。如舍斯托夫所说："服膺统一普遍真理的需求是虚假的，它会导致永久的敌对，十字军远征直到今天也没有结束。并肩生活在一起的人们却相互仇恨和鄙视，他们所幻想的不是相互'交流'，而是如何让亲近的人来服从自已，如何迫使其放弃自我、放弃对他必要的、重要的一切。”①

（2）对“意义”的否定。世界的虚无性表明，一切存在仅仅是存在着而已，并没有什么与生俱来的存在意义。所谓人类存在的意义、国家存在的意义、我个人存在的意义、某件事的意义、某种行为的意义，或者道德伦理规范、宗教信仰、文化传统云云，不是与存在同时存在着，而是后于存在、附加于存在之上的，可以变更甚至抹除。当人们发现这个事实，就意味着“万念俱灰”：所有原以为根深蒂固地先验存在的“意义”（“念”）皆化作乌有。一俟“意义”烟消云散，任何存在便不能“理”直气壮，因为一切都不可“理”喻，于是就变得“荒诞”了。

从反对表象与本质二分法的现象学而来的存在主义和它的先驱一样，认为“现象”背后什么也没有，它就是它所显现的那个样子。假使存在主义的论据不足以否定“意义”的先验性，其结果也将如加缪所言，我们其实无法确定这个世界是否有先验于它的意义，我们所知道的是，迄今为止我们仍然不知道、也不可能知道那个意义。正因为“荒诞”的出现是由于“意义”的丧失，加缪才说“如果有一种荒诞，那么它是在人的世界里”，而且，人类的“精神理性对于荒诞毫无作用，而在理性之外什么也没有”。②

加缪对“荒诞”的阐述比较详细、透彻，集中体现在《西西弗的神话》一书中。简言之，“意义”的丧失就是“人与其生活的背离、演员与其布景的背离”。他举了一例：我们看见玻璃电话亭里打电话的人，虽然看到他的动作（存在），却听不见他的声音（内容），于是产生他那一时刻“为什么”（意义）活着的疑问，荒诞感即随之而来。

其实就像我们常见的一种现象：学生安静地在课室里听教师在讲台上的“独白”，是因为他们认可了其“独白”的意义——传授他们知识。没有这个意义，教师的“独白”立刻就变得没有根基亦即荒诞了。这就不难理解两种情况：①无论教师的课多么精彩，无心向学的学生都会注意力涣散或躁动不安；②无论学生多么热爱知识，面对不称职的教师的“独白”，也会注意力涣散或躁动不安。前一种情况是因为听讲者没有赋予讲者的“独白”以“意

① ［俄］舍斯托夫．“自由与思维”．雅典与耶路撒冷．张冰译．上海：上海人民出版社，2004. 308

② Albert，Camus，“The Myth of Sisyphus”，*The Worlds of Existentialism*，1955，pp. 249－250.（下列几条引文均出自此处，不另注——著者注）

义”，后一种情况则是讲者的“独白”不足以向听讲者证明它的“意义”。两种情况下的学生反应表现出相同特点，因为它们的原因相同：教师独白不具备“意义”。失去意义，存在变得可疑、继而荒诞了，变得“没意思”——其实质往往是“无意义”。

加缪的“荒诞”学说直接导致荒诞文学的产生，而这种文学所提供的种种生活状态，又反过来为“荒诞”哲学做了极好的注脚。2005年荣获诺贝尔文学奖的英国荒诞派戏剧家哈罗德·品特的作品堪为力证之一。另一位荒诞文学大师贝克特甚至可以用自己的亲身经历来证明“荒诞”：他在大街上被流浪汉二话不说狠狠地捅了一刀，伤好出院后专程到监狱问凶手为什么——即行凶的“意义”，这位仁兄的回答竟然是他也不知道！就像加缪所说，当人对“意义”的追求遭遇到“世界的非理性的沉默”时，“荒诞”产生了。

理性主义试图通过“理性”寻找或建立的终极关怀和秩序，被存在主义的“虚无”从根本上否定了，人的存在不过是存在而已，没有任何原因和目的。对于信奉理性主义哲学的人来说，或许“荒诞”是件令人沮丧的可怕消息，但是对于存在主义者来说，它不过是一个事实。加缪认为我们如果认识到这个事实，反而可以生活得更好。在《西西弗斯的神话》中，他把神话中反复不断地推石头上山的西西弗斯视为荒诞的英雄，即敢于承认“荒诞”、正视“荒诞”、挑战“荒诞”的人！

虽然西西弗斯知道费尽力气推上山的石头还会掉下来，但他既没有消极怠工或者干脆躺倒不干，也不是抱着被逼无奈的心情推石头上山，因为这两种状态只能说明，他认为神掌握了他的命运。无论他选择其中哪一个，都是对神的判决的承认，表明他从思想到行动对神的彻底服从，而这种服从将意味着：①他明白他这种人生的无意义，亦即荒诞；②他认为他没有能力改变这种荒诞性，因而自暴自弃沉沦于荒诞之中；③其沉沦表明他认为自己的命运掌握在神而不是他自己的手中，其实质是他将其实属于自己的人生拱手奉送给神。

然而，加缪笔下的西西弗斯不懈地推着石头，并且因此快乐着。石头还会滚下山，但此刻决定推石头的人是他自己，明知道结局会失败仍然努力着的顽强之人是他自己，向判定他命运的外部势力——神——宣布：“他的命运属于他。”西西弗斯把被判推石头变成选择推石头，使之真正成为自己的事，他因此重新成为自己生活的主人、命运的主宰！

尽管西西弗斯反复地推石头上山，无论是对观察他的神还是对他自己而言，从其结果上看，都是无意义因而荒诞的。但是，“当荒诞的人专注于他的痛苦，即令所有偶像哑口无言”：在明知不可为而为之的反抗“荒诞”的主动过程中，西西弗斯竟然于“虚无”中创造出自己的“意义”、于无根基之中创造了根基；并且，由于“意义”、“根基”是他自己创造的，如同农夫享受自己的劳动成果一般，他感到由衷的精神满足——这就是传说中的幸福。

“荒诞”之所以不讨人喜欢，在于它使人发现自身存在的无根基，使人产生萨特所说的“恶心”感。可是，假如我们真的能够放弃从世界中索要任何现成的“意义”的梦想，譬如“秩序”、“真”、“善”、“美”等人类极其向往，却因在现实中无法企及而扼腕哀叹的一切，还会有什么令我们无法承受呢？更何况现实中我们所遭遇到的，并不是西西弗斯那样的永恒“荒诞”，一切都会随着“死亡”的来临而告终。如果西西弗斯可以勇敢如是，那么我们还有何理由心生畏惧呢？那些承认“荒诞”、直面“荒诞”、反抗“荒诞”如西西弗斯一般勇敢的人，也将像西西弗斯一般幸福。她/他知道，命运在自己手中：虽无法从外部索取“意义”，却可以创造自己的“意义”，并为能够享受自己亲自创造的成果而深感自豪。

有人说，虽然理解存在主义所说的“荒诞”，但宁愿相信“不荒诞”，而且，存在主义让人恶心。这番话可能代表了很多人对存在主义的态度。它说明了两种情况：要么是他们根本就没有真正明白存在主义在说什么，只是想当然地用日常用语中的“无意义”、“荒诞”等消极甚或贬义的词语来理解存在主义的哲学概念；要么是他们没有勇气、没有能力直面人生去创造、探索属于自己的“意义”，只是拾人牙慧地淹没在别人发明的“意义”中。

第二种情形又可分为两种：对于真正理解存在主义所说的那些事实的人来说，他们的这种态度是“没有勇气”；对其余的人来说，他们是“没有能力”，而这种人在现实生活中为数可观。如果说前者是萨特所说的“自欺”、“不诚实”，后者则难免是默多克所说的“无知”了。这不禁让人想起舍斯托夫的话——“有些真相并不想成为一切人的真相”。①

事实上，一旦我们将“荒诞”作为事实予以承认和接受，正如我们承认和接受人终有一死，那么，荒诞就对我们失去了威力：因为终有一死，我们珍惜人生；因为世界荒诞，我们创造意义！

---

① ［俄］舍斯托夫．“清晰与准确”．雅典与耶路撒冷．张冰译．上海：上海人民出版社，2004. 311

3. **世界是偶然的**（contingent）

存在主义否定理性万能，其根源在于，它认为传统的理性主义哲学所设想的秩序井然的世界并不存在，世界的真正面目是纷繁多样、偶然性的。

与非理性主义相比，理性主义是乐观的，因而具有持久、强壮的慰藉力和诱惑性，只要想想康德的“目的王国”（Kingdom of Ends）多么浪漫美好就不难得知。在他构想的由上帝领导的联合体或理想世界中，每个理性的存在都被视为“目的”，而非仅仅是实现目的的“手段”，每个人都使其追求服从于他自由地制定的普遍法则，把自己视为王国中的立法者。既然存在着对每个人都适用的普遍法则，同时每个人又服从这些法则，那么，理性的存在之间就达成一致，人与人不仅没有冲突，反而会互相帮助对方实现目的。

这种理想王国实现的前提是，每个理性的存在之间没有差别、是和谐一致的。遗憾的是，此前提根本就不能成立。在现实世界中，理性与理性之间的差异性不仅无法消除，而且始终存在。看看理性主义多么野心勃勃：设若现象背后隐藏着本质，怎知我们不能通过理性能力发现它呢；设若存在着普遍法则，怎知我们不会自觉服从呢；设若我们发现了本质规律、普遍法则，并且遵照它们行事，怎知世界不会大一统……如此一来，仿佛“理性”只要坚持不懈地工作，终有一天能够企及所谓的终极目标。遗憾的是，这些假设不存在！

舍斯托夫辛辣地指出，理性主义哲学的产生来自人们对“虚无”的“本能的无限恐惧”，这种恐惧“迫使人认知，即在非受造的、不依赖任何人的普遍而必然的真理中寻求庇护”，人们以为，“这些真理能使我们免遭充斥存在的任意的偶然性的迫害”，然而，“一切非受造的东西都是可怜的，是空洞的虚无”！①

而且，人们习惯认为从“个别”上升到“一般”的思维能力，是我们优越于非理性动物的地方，舍斯托夫却大不以为然。“所有动物都能在对象身上发现一般，而且，低等动物的此种能力远远高于高等动物。对于狼和狮子来说，小羊羔只是食物而已，在这个意义上所有羊羔实质上仅只是一般的羊羔

① ［俄］舍斯托夫．旷野呼告　无根据颂．方珊，李勤，张冰等译．上海：上海人民出版社，2004. 161

而已”。[1] 人类真正可贵的能力，不像人们以为的那样是发现所谓的普遍性，而恰恰是能够认识到存在的独特性以及存在与存在之间的差异性。

当能够把零乱的“现象”联系起来的“本质”和能够把人的存在与世界联系起来的“意义”被“虚无”和“荒诞”代替时，充斥世界、人生的只有精彩纷呈、出乎意料的万千“偶然”。我们必须面对的事实是，无论是世界还是人类自身，其存在没有任何理由或意义，一切存在仅仅存在着而已；现象的背后，没有理性主义试图寻找的本质。“世界是偶然的”，而“我们散漫地、直观地与它联系着”[2]，这就是默多克所说的《恶心》主人公洛根丁的发现，也是存在主义的发现。

面对偶然性，理性显得如此苍白无力！非理性主义不再像理性主义那样雄心万丈、意气风发，在世界面前，它开始心虚，甚至虚心。瓦解“整体”、将世界变得支离破碎的“偶然性”，意味着无限的可能性、差异性、多样性，存在变得难以、甚至不可把握和捉摸。因此，存在主义反对把世界构想为统一的整体，强调个体性和个体之间的差异性。存在主义者之间的分歧、存在主义哲学难成体系，既可以看作是“偶然性”的反映，也可算作对“偶然性”的佐证。

不过，承认“偶然性”的存在，并不意味着否定“因果关系”。人们不能理解存在主义所说的“偶然性”，常常是因为误以为“规律”是“因果关系”、或“因果关系”就是“规律”。正如“荒诞”不是对“理性”的否定，而是对“理性万能”的否定，“偶然性”是对“整体”、“本质”、“规律”、“体系”、“意义”等代表普遍性的东西的否定，而不是对因果关系的否定。通常人们都能理解不幸被车撞了是一件偶然性事件，但其中显然是有因果关系的，譬如，因为他要去银行所以走那条街，因为那辆车如何所以如何等。这就像萨特在其短篇小说《墙》里所展示的现象。

《墙》描述了两个本身都具有因果关系的偶然事件，而这两个“偶然”导致最后的荒诞结局。①因为伊比埃塔是反法西斯游击队员，所以被德军逮捕；因为害怕无休止的拷问，所以他决定编谎言搪塞德军；因为他的谎言，游击队的头儿雷蒙·格里被捕。②雷蒙·格里因为早上和堂兄弟吵架，所以另换藏身地；因为伊比埃塔被捕不在家，所以选择坟场；因为躲在坟场，所

---

① ［俄］舍斯托夫．钥匙的统治．张冰译．上海：上海人民出版社，2004. 237

② Iris Murdoch, *Sartre: Romantic Rationalist*, London: Penguin Books, 1989, p. 39.

以被德军捕获。

伊比埃塔的谎言和雷蒙·格里躲进坟场，都是偶然念头，但两个“偶然”撞在一起却酿成原本每个人都能避免的结局。伊比埃塔编了一个他认为根本就是无稽之谈的谎言——游击队头头雷蒙·格里躲在坟场，雷蒙·格里找了一个他认为别人想不到的坟场藏身。结果竟然是，“偶然”成就了“荒诞”。

当伊比埃塔等到的不是被德军枪毙，而是得知雷蒙·格里在坟场被捕时，他觉得天旋地转，瘫坐在地上放声狂笑，笑得眼泪都流了出来：严重的后果和无心的偶然，此两者之间的张力剥除了生活似乎应该具有的严肃意义，致使伊比埃塔产生强烈的荒诞感!

“因果关系”的存在，并没有否定“偶然性”，因为构成偶然事件的，是因果关系，但在每一个因果关系中，“果”并非“因”的唯一可能。如果伊比埃塔说谎是“因”的话，那么，他的谎言并不非得指向坟场不可，他不过是偶然地选择了它。伊比埃塔因被捕而不在家的这一状况，是雷蒙·格里选择坟场的“因”，但他并非只有坟场可选择，即便他不想麻烦别人，也可以躲在坟场以外的某地，他只是偶然地选择了它。

可见，每一个“因果关系”中都充满“偶然性”。因果关系只是一种非本质上的连贯性，它仍处于偶然性之中。另外，伊比埃塔认为坟场是最不可能藏身的地方，而雷蒙·格里则看法相反，表明他们念头的产生都是偶然性的，而他们念头上的差异性，又说明了世界的多样性和差异性，亦即偶然性的一种体现。

对习惯于让“必然”主宰世界的人们宣布“偶然”的统治地位，其打击是巨大的。就像舍斯托夫说的“故事”：

> 定居者言：“一个人怎么可以在对明天毫无把握的情况下生存呢，怎么可以不在屋檐下生活呢!”可是，话刚说完，一件偶然的事情，把他从屋里永远地驱逐出去了，于是他只好在森林里过夜。他怎么也睡不着：他害怕凶恶的野兽、害怕自己的兄弟，也害怕那些流浪汉。①

① ［俄］舍斯托夫．旷野呼告 无根据颂．方珊，李勤，张冰等译．上海：上海人民出版社，2004. 190

正是对“偶然性”的恐惧导致人们幻想“必然性”，从某种意义上说，相信“规律”者并不比迷信“命运”者更“科学”——如果“科学”被等同于“真理”、“科学的”被等同于“正确的”的话（这种“等同”显然很可疑）。

然而，舍斯托夫故事的后半截却说明“偶然性”并不那么可怕，只要我们能将它作为事实坦然地接受：“可到后来，他毕竟还是把自己交付给了机遇，过起了流浪汉的生活，而且，甚至可能没有一夜睡不香的。”①

一切都是习惯，正如失恋的人觉得寂寞难熬，只因为已经习惯了两人厮守，而独居的人厌烦别人的打搅，也不过是因为习惯了光棍的自在；倘若这两种人都能从容接受打破原已习惯的新状态，生活也就无往不欢了。这种态度不仅适用于“偶然性”，也同样适用于对待“虚无”和“荒诞”的问题上。

第二节　关于“人”

生活在虚无的、荒诞的、偶然的世界中的人，在存在主义者看来，一方面注定是自由的，另一方面也不得不面对因此而来的各种问题，而解决这些问题的人，是且仅是她/他自己。

1. 人是自由的

海德格尔把人的存在称作“Dasein”，萨特则称之为“自为的存在”（being-for-itself），具有主动性、主体性特征。与之相对的则是被动的、相对静态的物的存在，即萨特所说“自在的存在”（being-in-itself）。两种存在的最大区别就在于“自由”。存在主义者之间分歧种种，但他们都不否定“人是自由的”这一命题，并认为此“自由”是既无法剥夺、也无法逃避的，是“被判定”（condemned）的自由，它就是人的存在方式。

无神论存在主义者认为，上帝的退出意味着人首先存在于世，然后才能感知世界，并在此基础上选择、行动；相信上帝存在的基督教存在主义者，则认为上帝在创造人类的同时，也赋予他们以“自由”。这让人不由想起20世纪美国自由主义基督教神学家尼布尔（Reinhold Niebuhr）的理论。他认为

---

① ［俄］舍斯托夫．旷野呼告 无根据颂．方珊，李勤，张冰等译．上海：上海人民出版社，2004．190

人本质上是自由的，原罪恰恰产生于我们与生俱来的自由，而非来自亚当夏娃的“遗传”（这种传统看法实际上削弱了人对罪的责任）。

萨特称，无论是基督教存在主义者还是无神论存在主义者，都认为“存在先于本质”。① 只有抹除先验的“本质”，人才能不受束缚地自由地行动。在他看来，“人只是他自己造就的那个样子”，存主义者为人所诟病的“主观性”，这正是存在主义的第一原则。② 自由的人通过选择、行动，通过自我谋划，为自己创造“意义”；在为自己创造意义的同时，也为其世界创造意义，人的世界不过是她/他谋划出的构思，即弗兰克尔（Viktor E. Frankl）所说的“反映他自己的存在结构”③。如果说人有“本质”，其“本质”也是由她/他在世的选择、行动所构成的，只要她/他还在选择、活动，这种“本质”就不可能真正地、一劳永逸地确定下来。换言之，唯有盖棺，方能论定。

虽然萨特关于“存在先于本质”的说法广为人知，也很能说明人的“自由”，但这个过于简单的说法，对于大多数存在主义者和他自己，都不能算是完全真的命题。且不说其他存在主义者（譬如海德格尔）的思想与它有出入，仅就萨特本人的理论来看，这个命题的根基也不牢靠，从他思想中可以推理出一些本质性的东西。萨特认为，根据对“自由”的不同态度，人表现出“不诚实”（bad faith）和“诚实”（good faith）。“不诚实”是一种自我欺骗，它不仅意味着对自己撒谎，也意味着对自己的“自由”撒谎；“不诚实”的人通过否定“自由”来逃避选择和随之而来的“责任”，将自身视为受制于异己的被动性存在，试图向“自在的存在”靠拢。“诚实的”人则相反，她/他承认自己是自由的，是有别于“自在的存在”的、自我决定、自我谋划、自我负责的“自为的存在”。一个人无论“诚实”还是“不诚实”，她/他都是自由的，因为“自由”如同“出生”一样是纯粹的事实：虽然是她/他的“自由”、她/他的“出生”，但她/他本人却无法对它们进行选择，而只能选择如何生活、如何自由选择。

尽管“不诚实”无法从根基上否定“自由”，但大力鼓吹“自由”的萨特在赞美“诚实”的同时，仍然不忘嘲讽“不诚实”。萨特曾若有所指地举

① Maurice Friedman, *The Worlds of Existentialism*, 1964, p. 239.

② Jean-Paul Sartre, “Existentialism”, *The Worlds of Existentialism*, 2001, p. 136.

③ Viktor E. Frankl, “Beyond Self – Actualization and Self – Expression”, *The Worlds of Existentialism*, 2006, p. 467.

例说，某女子虽然喜欢那个向她示好的男子，却用矜持伪装自己云云，乃“不诚实”。这个例子未免有些幼稚可笑，但足以说明他认为“不诚实”是不好的。为什么厚此薄彼呢？照弗里德曼的说法，是因为萨特思想中的本质性内容，即“不要不诚实地存在”①。

幸好能够论证“自由”的途径不止“存在先于本质”这一条。世界的虚无、荒诞、偶然已经为“意识”铺开了一张空白的画布，等待人们无所约束地创造。西西弗斯式的英雄或“荒诞”的人，在体验虚无、无意义的同时也就认识到，人无论是否心甘情愿，都被无情地抛入（thrown）这样的存在：命运虽然无法改变，但反抗或者服从命运的人是我自己。人类从来不会因为知道自己不能长生而放弃对生的希望，在这个意义上，人类本身就是西西弗斯式的英雄！

我们的存在是介乎生与死之间的短暂过程，但在这起点与终点之间，我们为自己的现在与未来谋划，并为自己的过去承担责任；通过这一切，我们像西西弗斯一样把命运掌握在自己的手里。存在主义所描绘的世界，不仅不是我们消极无为的理由，反而是积极生存的基础：惟其如此，我们才能自由地谋划、创造。足以令我们感到自豪的是，正是我们自己，从虚无中创造了自己的意义、世界的意义。没有我们的存在，世界将变得寂寞！

存在主义肯定“自由”的同时并不否认外部世界对人的影响。且不说海德格尔关于“共同存在”（being-with/Mitsein）、“在此世界中存在”（being-in-the-world/In-der-Welt-sein）的观点强调了人与他人、世界的联系，即使是被默多克批判为唯我主义者的萨特，也改变了他最初“绝对自由”的看法，认为“自由”的实现是在“境遇”中进行的，毕竟，人不仅自身是局限性存在，而且也是不得不与他人发生关系的社会性存在。“意识”的对象存在于外部，处理“关于对象的意识”这些数据的却是人的“意识”。

由于“意识”的运作特征，归根结底，是人的主体性“自由”在起作用——马克思主义也认为外因通过内因起作用。“自由”将人与外部世界拉开距离，使人能够反抗来自外界的决定性影响，尽管构成经验的各种朴素材料被外部世界决定着，人却可以根据自己的谋划将这些因素变成自己的统一体，正所谓“一样的米养出百样的人”。

具有身体和精神两部分的人，在物质的层面虽然活生生地存在着，但在

① Maurice Friedman, *The Worlds of Existentialism*, 1964, p. 239.

虚无的"意识"意义上，却是虚无的，伴随其存在的"自由"也同样虚无。"自由"和"意识"一样，都不能依靠它自身来显现。"意识"借助它指向的对象，"自由"则通过人的选择、行动来实践；否则，"自由"则是空洞的自由。但是，①即使"不行动"、"不选择"，也体现了不行动、不选择的"自由"；②"不选择"、"不行动"其实也是一种选择和行动，同样证明了"自由"；③否认"自由"，体现了能够否认自由的"自由"。人，注定是自由的，人就是"自由"！

必须强调的是，存在主义所说的"自由"和我们通常所理解的"自由"是不同的。"人是生而自由的，但却无所不在枷锁之中"，[①] 当我们为卢梭这句话频频颔首的时候，要知道，他所说的"自由"并非本书所探讨的哲学范畴的自由，而是更多地包含了社会、政治权利等方面的诉求。本书所说的"自由"在第三章将详加论述。

2. 人是会死的

"死亡"不仅是哲学产生的根本原因，也是存在主义关心的中心问题之一。虽然寻求长生不老是人类不变的愿望，但存在主义认为，"死亡"是必需的。

"死亡"作为"朝向终端的存在"（being-towards-the-end）（海德格尔），揭示了人的存在秘密，透露了人自身存在的可怕的暂时性，是对人极其无情的一种限制，一种把人进行非人化转换的异己力量。如萨特所说，它"从我们的外部而来，把我们向外部转换"[②]，是对人的一种异化，使人感受到异己力量的可怕和无奈，以及自身存在的根本局限性。当我们认识到存在的短暂性时，就产生围绕"时间"而滋生的各种概念和关于此世如何生活的种种思考。

"死亡"是一种不可分享的经验，我们能了解有关"死亡"的知识，却无法体验"死亡"本身。一旦我们体验到与"死亡"有关的任何东西，譬如疾病、危险，我们就会发现，体验它的人只是我自己，因而强烈感受到自身的唯一性、有限性、确定性，感受到自己鲜活、个别的存在。

"死亡"既是"意义"的终结，也是"意义"的开始。

---

① ［法］卢梭．社会契约论．何兆武译．北京：商务印书馆，1997.8

② Jean-Paul Sartre, *Being and Nothingness*, 1989, p. 545.

（1）“死亡”对“意义”的终结可以从两方面来理解。

①“死亡”终结了终极“意义”。因为“所有死亡的东西都被剥夺了意义”[①]，所以，如果没有永恒的存在，也就意味着没有永恒的终极“意义”。从这个意义上讲，“死亡”的存在彻底否定了“意义”的存在，证明了世界的虚无与荒诞。站在这个出发点上，加缪说，“与死亡抗争等于宣称人生具有意义，等于为秩序与统一而斗争”[②]。

②“死亡”终结了人所创造的“意义”。虽然世界本无意义，但人的“自由”使她/他能够从自身的虚无中创造出她/他的“意义”以及她/他的世界的“意义”。然而，作为生命终将完结的存在，她/他所创造的一切“意义”将随着她/他存在的终结而消散，人类共同的“意义”也会随着人类的消亡而消散。“死亡”从这两个层次上分别印证了世界的虚无，而人对虚无的体验在“死亡”体验中达到高峰。

（2）虽然很难将导致一切“意义”终结的“死亡”变成我们生命中有意义的部分，但它所造成的有限性却是一切意义之所以有意义的根本原因。波伏瓦的《人都是要死的》（*Tous les Hommes sont mertels*，1946）生动揭示了“死亡”的必需性。一个无法终结的生命不过是各种体验的无尽重复，体验主体将渐渐丧失对自我、他人、世界的兴趣，“意义”也就无从说起。

永生不死使福斯卡不必珍惜生命，即便用利刃在手臂上划出深深的伤口，片刻就会复原，更不必思索人们由于死亡的威胁而不得不思索“我该如何度过今生”这个问题。而对这个问题的回答，正是我们为自己的存在所创造的“意义”。不仅如此，未来对于小说中的福斯卡不再意味着希望，反而是恐惧和灾难：人类灭绝后，只有他还独自与老鼠共存。威尔·史密斯主演的影片《我是传奇》（*I am Legend*）前半部内容直观地展示了这种一人独活于世的可怕情景。

只要稍微用一点想象力就不难发现，如果人不会死，那么，即使随心所欲地杀人放火，也不会对他人造成根本破坏，不仅现存法律的根基开始松动，就连伦理以及其他上层建筑都会动摇，而这些恰恰是人类所创造的“意义”。

---

① Albert Camus, “The Rebel”, *The Worlds of Existentialism*, 1955, p. 252.

② Albert Camus, “The Rebel”, *The Worlds of Existentialism*, 1955, pp. 252 – 253.

事实上，人们都明白，“一个永恒的生活或生命从伦理学上讲是无意义的”①。

“死亡”的存在是绝对的，“死亡”的发生是偶然的。

（1）作为绝对存在的“死亡”无处不在，“不仅在一个人被抛离存在的最后时刻处于命运及其偶然性的背后，并且在存在中的任何时刻都如此”②，我们不得不思索它的可能性以及何时、如何死去。它和“出生”一样，是纯粹的、无法回避或逃避的事实，必须接受它，如同接受我们的“虚无”和“自由”。在存在主义者看来，任何拒绝面对死亡、企图获得永生或达到永恒的欲望，都是对人和世界的“虚无”、“荒诞”、“偶然”的视而不见，是自欺，亦即萨特所说的“不诚实”。“死亡”在终结人的存在的同时，也成就了她/他的“整体性”，因为其本质要盖棺才能定论，没有“死亡”，就没有获得整体性的机会。

（2）“死亡”发生的“偶然性”为我们提供了各种对它有所作为的可能性（偶然性就意味着可能性）。与“死亡”相对的是人的行动。人虽然无法摆脱“死亡”——就像西西弗斯无法避免石头反复落下——却可以和西西弗斯一样，通过“自由”的实践把它转变成自己的“死亡”。卡夫卡说过，“死亡面临我们与挂在教室墙上的历史战役场景并无不同。当我们还身处这个世界时，用我们的行动使这幅图画晦暗或湮灭是我们的责任”。③

虽然人都是要死的，我们却可以在诸如：①如何看待“死亡”；②提前还是延缓“死亡”的来临；③是否赋予“死亡”以我们自己的“意义”；④赋予它怎样的“意义”等四个方面作出自由的选择、决定。

存在主义心理学家罗洛·梅（Rollo May）指出，“面对死亡的能力是成长的先决条件，也是自我发现和自我意识的先决条件”④。不可分享的死亡经验使每一个个体意识到：我的死亡只是我自己的，那么，随它而来的一切，都只能由我自己面对、承担。在存在主义者看来，“死亡”不应被视为恐惧、憎恶的对象，它对人类来说是必需的。满怀改造世界的希望而祈求长生不死的福斯卡，最后却因长生不死而失却希望，每当设想他自己一人在人类消亡后

---

① ［英］尼古拉斯·布宁，余纪元．西方哲学英汉对照词典．王柯平等译．北京：人民出版社，2001. 230

② Paul Tillich, “The Courage to Be”, *The Worlds of Existentialism*, 1964, p. 374.

③ Franz Kafka, “Reflections on Sin, Pain, Hope, and the True Way”, *The Worlds of Existentialism*, 1964, p. 301.

④ Rollo May, “Existential Bases of Psychotherapy”, *The Worlds of Existentialism*, 1964, p. 444.

还不得不孤独地与鼠类共存，便感到无限恐惧与绝望。

在分析受存在主义“荒诞”思想影响的荒诞派文学时，欣奇利夫说，凡是与“荒诞”有联系的作家和哲学家都认为“死亡”很重要，因而一致拒绝自杀。所以，有人曾把海明威当作存在主义作家来研究，但遭到驳斥，证据之一就是他的自杀。正是由于生命朝向终结，人才会希望在“死亡”大幕落下之前尽可能地体验存在，才会希望在“生”与“死”之间的短暂过程中过得有意义，才会产生种种希望。

“死亡”发生在人身上，也同样发生在万事万物上，任何存在都有从出现到消亡的过程。承认“死亡”的存在和必需，意味着坦然接受它以及它带来的一切。直面“死亡”，不仅意味着直面我们自身的死亡，实际上也意味着直面一切事物的死亡，不因“死亡”的存在而先行气馁，不因“死亡”的来临而自行崩溃。

普罗提诺说过，“勇敢就是无所畏惧地面对死亡”，“谁如果喜欢孤独自处，谁就不怕这一套”。①

人若如斯，乃真勇士！

3. 人是焦虑的

“自由”使人在世上的生活表现为无数选择。在每一个选择时刻，人都面临：①做选择的人是她/他自己；②无论选择哪一个，都意味着放弃其他；③无论选择哪一个，都必须承担它带来的后果；④承担后果的人，是她/他自己；她/他发现，可以依靠的，唯有自己，而她/他自己是“虚无”，她/他的“自由”也是虚无，于是产生“焦虑”（angst/anxiety/anguish）。在萨特看来，这种烦恼和绝望根源是“意识”意识到其自身的“虚无”以及随之而来的“自由”（参见第二章相关内容）。

存在主义神学家保罗·蒂利希对“焦虑”的阐述较为细致。他认为“焦虑”的产生是因为人意识到与之对立的“非存在（nonbeing）”的威胁，后者主要在三个方面威胁我们，因而“焦虑”可分成三大类。

（1）威胁我们本体存在的“死亡之焦虑”（the anxiety of death）：“非存在以命运的方式相对地、以死亡的方式绝对地威胁着人本体性的自我肯定

① 转引自［俄］舍斯托夫．“俄国颓废派述评”．钥匙的统治．张冰译．上海：上海人民出版社，2004. 225

(self - affirmation)。”[①] 存在主义所说的“命运”(fate)，就是我们无计可施的自身的存在状态和境遇，就是我们无法预测和掌控的“偶然性”，它们威胁着我们本体性存在，虽然因其偶然所以只是相对地威胁着，却由于它背后埋伏着绝对存在的“死亡”而始终令人焦虑。因此，归根结底，这种“焦虑”的根源在于“死亡”的存在，它“绝对地”威胁着我们的本体性存在。

(2)“无意义之焦虑”(the anxiety of meaninglessness)：“它以空虚的方式相对地、以无意义的方式绝对地威胁着人精神上的自我肯定。”在蒂利希看来，“意义”的丧失主要是由于终极关怀(ultimate concern)的失落，因为终极关怀是一切“意义”的根本源泉，是“赋予一切‘意义’以‘意义’的‘意义’”。一般“意义”的丧失只是相对地导致一般性的“空虚”，但终极“意义”的丧失，却从根本上造成人在精神上无家可归，产生对“无意义”所导致的虚无的根本性焦虑。

(3)“定罪的焦虑”(the anxiety of condemnation)：“它以负疚的方式相对地、以定罪的方式绝对地威胁着人道德上的自我肯定。”

①人之所以会有负疚感，根本原因在于审判她/他的人正是她/他自己。从一般意义上说，负疚只是相对的、表层的焦虑，毕竟在生活中的我们并非总是处于“负疚”状态。

②一方面，由于“自由”使人成为一种能通过各种决定来确定她/他自身的存在，她/他知道无论她/他做什么、是什么，都是她/他自己的决定所致，她/他必须为自己的一切负责；另一方面，在道德生活范畴，虽然她/他做的每一件事都包含着深层的善与恶，可是，它们之间的区别却常常模糊不清，从而使她/他从根本上时刻处于评判自我的状态，产生绝对的道德上的焦虑。

蒂利希强调，这些“焦虑”并不属于“精神变态”范畴，而是植根于人的存在之中的“基本的焦虑”，“它属于存在本身”，“是不可消除的”。只要“死亡”、“虚无”、“自由”存在着，各种由此而生的“焦虑”就以相对和绝对的形式存在着。“焦虑”只能缓解，不可能根除。存在主义把“焦虑”看作人必须面对的事实，它在使我们烦恼痛苦的同时，也揭示了我们自身存在的秘密，其存在证明了我们的“自由”。

在这个意义上，否认“焦虑”、逃避“焦虑”就是否认“自由”、逃避

① Paul Tillich, “The Courage to Be”, *The Worlds of Existentialism*, 1964, pp. 373 - 374.（下列几条引文均出自此处，不另注——著者注）

“自由”，是一种从“自为的存在”向“自在的存在”退缩的自欺，即“不诚实”。现实生活中那些迷信的人、投奔邪教的人，本质上都是为了逃避各自的“焦虑”：一旦把自己的命运交给所谓的神或所谓的教主去主宰，就可以心安理得地不再为自己的存在负责了，因此也不会再为自己的存在所带来的各种生存困难而焦虑。

对于正视“诚实”的人来说，“焦虑”不是对其在世存在的破坏，而是促使她/他积极生存的动力。因为她/他知道，只有勇敢面对“死亡”，在虚无中自由地创造属于自己的“意义”，才能从根本上缓解“焦虑”。慰藉我们心灵的，不是别人，只能是我们自己。因为只有我们自己才能为自己的存在创造出“意义”，才能真正使我们坚定地以它为生！

第三节　关于“人生”

科学和哲学的价值在于，它们试图分别从物质和精神两方面来阐释我们自己和我们所处的世界。遗憾的是，随着社会的发展，哲学似乎越来越“脱离”人们的生活，自囚于高处不胜寒的孤塔中，沦为思想者的思辨游戏，犹如文学在一些作家那里变成了一种文字游戏。所幸的是，饱受各种攻讦、矛盾百出、问题种种的存在主义从未把自己局限在抽象的概念玩味中，不仅热衷于研究作为个体的人的存在、研究她/他的世界，也试图在逼真描述现实生活的基础上，为她/他寻找出路——即使最终不过是在铁屋子里呐喊的“无用的激情”（useless passion）[①]。

1. 陌生人/局外人（stranger/outsider）

存在主义之所以对文学影响广泛而深远，并不仅仅是因为一些存在主义者同时也是积极表述其哲学的文学家，更主要的是因为它和文学的不谋而合：都是描述现实生活的“人学”。因此，荒诞文学在一定程度上如同用“生活”阐释存在主义的“荒诞”也就不足为奇了。具体到“陌生人”或“局外人”，在文学中也有生动的表现，其中最广为人知的，大概是加缪在《局外人》（*L'Étranger/The Stranger*，1942）中塑造的莫尔索。

虽然莫尔索因为稀里糊涂地杀死阿拉伯人而稀里糊涂地触犯法律，但从

① Jean - Paul Sartre, *Being and Nothingness*, 2001, p. 615.

道德品质上看，他谈不上是一个“恶人”。只是他和世界、他人的关系非常疏离、漠然，在这个意义上，又不符合我们通常的道德伦理标准。他把母亲送到老人院，很少去看她，也很少想起她；收到关于她去世的电报时，并没有和“伤心”有关的情感反应；在送葬的时候所想到的仅仅是天太热了。他和女朋友的关系相当淡薄，既没有和她结婚的欲望，却也不反对结婚——如果她坚持的话；对于她的来和去，他都觉得无所谓。他在海滩杀了人之后被捕，虽然想不出杀人的原因，只觉得阳光刺眼，把他晒得头晕眼花，但也不为自己作任何辩解，随便法院怎么判，似乎死刑与他无关似的。他在监狱里等死的时候，没有产生对死亡的恐惧和思考，唯一的“不适感”来自生理需求：因为被囚禁，所以不能和女友做爱了。

一切都无所谓的态度，使莫尔索对于其个体存在和他所存在于其中的世界的感受，退化为一丁点动物性需求，与“人”和“人的世界”在最大限度上疏离，而成为“陌生人”、“局外人”。无论对于世界、他人还是他自身来说，最后，“死亡”将完成对他的彻底陌生化、局外化，把他从人的世界中清除。

加缪指出，当人“在宇宙中突然被剥夺了幻想与光明，人觉得自己是一个异己，一个局外人”① 时，剥夺其幻想和光明的，就是存在主义所揭示的人的存在状态及其世界的存在状态。世界、人生的虚无、无意义、荒诞，使人在三个方面都被陌生化、局外化。

（1）人和世界的疏离。人和客观世界之间存在着不可逾越的距离，她/他对它的感知始终带有主观性而无法企及，只能通过绝对客观性才能获得真实。即使和她/他自己所意识到的世界也同样存在距离，因为“意识”在指向对象的同时，也意识到它自身与对象之间的空当——虚无，将它自身与对象疏离。

（2）人和他人的疏离。“意识”的特征决定了人对他人的认识始终是“主体—客体”的关系，而不可能成为“主体—主体”的关系；但她/他同时也意识到，自己也被他人当作客体，把本是“自为的存在”的她/他，物化为“自在的存在”，蹂躏了她/他的真实存在。她/他感到自己无法被他人真正了解，同样道理，她/他也发现自己无法真正了解他人。于是，人和人是疏离的，“我”是孤独的。

（3）人和自我的疏离。“自我”是人的自我，但“自我”并非实体，而

① Albert Camus, “The Myth of Sisyphus”, *The Worlds of Existentialism*, 1964, p. 249.

是不断变化的动态的“关于我的意识”，它本身既包括我的“自我认识”，也包括我的“自我谋划”。虽然我可以自我谋划，但此刻的我与那个属于未来的、作为谋划结果的自我，存在着距离。至于“自我认识”，对于过去的那一部分，我可以考察，可是对于此刻正在发生的部分，我却无法考察，因为我只能考察“意识”的对象，却无法考察“意识”本身，所有我能考察的“自我认识”，都是完成时的，属于过去的。人和自我之间也发生疏离。正因如此，在现实生活中，所谓的“自知之明”才成为人人钦佩的睿智。

“陌生人/局外人”导致人的孤独感。人与他人的沟通始终是相对的，差异则是绝对的，我们的本真状态就是孤独。无论“陌生人/局外人”抑或“孤独”，均是我们的存在状态，是不可否认的事实，并不具有“好”或“坏”的伦理或价值色彩，但从对待这种生活状态的态度上却可以发现存在主义者的立场。加缪认为人首先应当做一个“陌生人/局外人”而不是仓皇寻找“出路”。

现实生活中，人们习惯把身为“陌生人/局外人”的孤独状态看作是可怕的、不好的东西而急于摆脱。不少婚姻的缔结、甚至子女的诞生都是这种心态的产物。这种治标不治本的方式，其中滋味当事人最清楚不过。究其原因，还是观念问题。譬如在舍斯托夫看来，孤独地死去就是“最好的”，而非人们通常以为的“最糟糕的死法”。因为，“这样的话，至少在你生命的最后一刻，你不必做假、不必教导什么人，只是沉默，以便为那行将到来的，可怕但或许是伟大的事件做好准备”。他对苏格拉底临死前喋喋不休地与人们谈话颇不以为然，说他不过是“担心自己会号啕痛哭”罢了，“真是恬不知耻”！①

只有当我们像存在主义者那样坦然接受事实，接受这些状态，如同接受“荒诞”一样，才能真正消除对它们的恐惧，甚至从中受益，真正地超越之、战胜之。

2: **自我异化**（self-alienation）

盲目逃避生存的事实，很容易患上萨特所说的现代人的通病——“自我异化”：“指个人与他们的真实自我、他们的本性和他们的意识的分离。它使个人失去了个体的完整性、独立性，成为陌生于自我的一种状态”②。

---

① ［俄］舍斯托夫．旷野呼告 无根据颂．方珊，李勤，张冰等译．上海：上海人民出版社，2004.191

② ［英］尼古拉斯·布宁，余纪元．西方哲学英汉对照词典．王柯平等译．北京：人民出版社，2001.36

“异化”的概念并不是萨特或者存在主义哲学的发明，其渊源可追溯到马克思、费尔巴哈、黑格尔甚至卢梭的社会契约论和基督教原罪说。异化的形式多种多样（譬如萨特所说“死亡”对人的异化）。弗里德曼把马克思《劳动异化》收入《存在主义世界》一书中，作为存在主义“异化”的一种说明。

马克思指出，“异化”在资本主义社会是一种普遍现象，并以工人的异化为例，对它进行了深入透彻的分析。这种“异化”表现为：工人创造的产品越多，就占有得越少，被产品和资本家控制得越深。于是，“他的劳动不仅变成了一个对象，呈现为一种外部存在；而且，它外在于他自己地独立存在着，与他背道而驰，作为一股自治的力量与他对立”。其实质是，赋予产品生命、使之能够作为“异己和敌对势力”来反对他的人，正是他自己。①

“劳动异化”的结果是，工人逐渐沦落到只能在其动物功能方面实现其“自由”的地步，以至于“动物变成了人，而人变成了动物”。卡夫卡的《变形记》（*Metamorphosis*，1915）中的格里高尔·萨姆沙就是一个很好的例子，在此层面上看，该小说首先表现了资本主义社会把人变成劳动工具、挣钱机器的异化主题，不过，这种异化是劳动的异化，而非萨特所说的“自我异化”。

“自我异化”也是人的非人化现象，只不过，将人非人化的不是产品和劳动，而是人自身：她/他自己异化了她/他自己。被异化的人，是她/他自己；而异化她/他的人，也是她/他自己。前文所提到的加缪笔下莫尔索的人生，不仅反映了“陌生人/局外人”的状态，实际上也可视为一种“自我异化”。他无视人乃主体性的“自为的存在”这一无可逆转的事实，而自欺欺人地试图转变为与“自为的存在”相对的“自在的存在”，即将人非人化：被非人化的人，是他自己；实施非人化的人，也是他自己。

如果有谁行尸走肉般随波逐流地苟活着，不愿意、不主动对他人、对世界负责，甚至不愿意、不主动对她/他自己负责，可以肯定，她/他跟莫尔索一样患上了“自我异化”的现代病。身为人——“自为的存在”，却向非人——“自在的存在”——滑落，可惜她/他无法逃避自己是“自为的存在”这个事实，而只能自欺欺人地不诚实地活着。

另一种更为常见的“自我异化”征候体现在卡夫卡《变形记》中的格里高尔身上。格里高尔被他的老板和父母家人当作挣钱的工具而遭到非人化，

① Karl Marx, “The Alienation of Labor”, *The Worlds of Existentialism*, 1964, p.56.

仅在这个层面上，他所遭到的异化并非“自我异化”，因为将他非人化的异己力量来自外部。但是，当他变成甲虫遭到人们无情对待却毫无怨言，反而无比自责时，则显露出他的“自我异化”。

为了不惹妹妹心烦，每当听到她来房间的脚步声，格里高尔就把自己藏在沙发下面；明明可以爬上天花板躲避父亲掷来的苹果，却为了不激怒他而选择在过道里笨拙地爬，结果苹果深深地陷入其背脊并腐烂，成为导致格里高尔死亡的直接外因；自己的房间慢慢变成堆积杂物的储藏室，格里高尔被杂物逼迫得只有一个满是灰尘的角落可以栖身，沦落到与物一样的地位，他没有觉得不公平，最后还心平气和地在静谧的夜里静静死去……

他一股脑地接受了外界把他当作挣钱的机器，而非独一无二的个体之人的判决，并为自己逃避此判决而自责、羞愧。他仿佛忘了自己曾经多么抱怨四点钟就要起床赶火车的痛苦，仿佛忘了曾经为家人对他拿钱回家已习以为常而倍感失落，仿佛忘了发觉自己变成甲虫的最初时刻多么欢欣，因为既然“生病”就不必再上班了，即不必再做机器而可以变回——触目惊心的词——人了！

作为“人”的自觉以及对资本主义社会异化的反抗，只在格里高尔变成甲虫的那一刻迸发出光芒。当他听到老板的手下进门发出的第一个声响而慌忙滚下床后，再也没有像之前那样欣赏过自己数目众多的细小腿脚和鼻子似乎有点感冒的状况——这些感觉恰恰是他生命中难得一见的把自己当“人”看的时刻，他再次变成外部异己力量的同谋，将自己视为“物”而非“人”。

当他人判决格里高尔非人而仅仅视之为“老屎壳郎”时，他本可以也应该上诉，但他没有。此刻，他的行为和莫尔索的随波逐流具有同样的性质：把自己当作无能为力的“自在的存在”而拒绝有所作为。格里高尔主动地放弃作为“自为的存在”而向“自在的存在”滑落。是谁拒绝上诉，是谁选择放弃呢？格里高尔本人！他人的判决最终生效，乃是由于格里高尔自己对自己进行了判决：同意他人的判决！

不过，虽然“自我异化”从理论上如是解释似乎并不困难，但在现实世界及具体个人生活里，要把“自我异化”这种病症和“主动负责”之类的积极进取行为区分清楚却并不容易。理论与现实之间始终有一定的距离，毕竟，人生远比我们想象的复杂，远非区区的理性所能容纳。理性不是万能的。

3. **介入**（engagement/commitment）

萨特在《存在与虚无》中指出，“自由”选择总是无条件的，“因为这个自由既不是一个所予物（a given）也不是所有物（a property）”①，它伴随“意识”而生，植根于我们的存在之中，不是可以揣在口袋里想留就留、想丢就丢的东西——因而也不可能被剥夺或被赐予；它可被视为一种能力，但绝不是唱歌跳舞那种任由我们想用就用、不想用就搁置的能力。它和我们的意识一样是虚无的（“意识”的虚无性详见本书第二章），只能通过选择、行动等方式来体现其存在，这就是对生活、对世界的“介入”，或消极、被动、不自觉地，或积极、主动、自觉地，“自为的自由总是介入的”②。

萨特所说的介入通常是积极的“介入”、完全的“介入”，以此对抗“陌生人”、“局外人”这种生活状态。尽管我与一切非我的存在之间的距离不可能消除，因而人的存在归根结底是“陌生人/局外人”状态，但是，通过介入，我与客观世界、人的世界、他人甚至自我建立了关系，相对地打破了这种孤独状态。一个人的现实生活在某种程度上就是各种关系的总和，她/他在不同关系中扮演着相应的角色；任何一个角色都不等于她/他，但终其一生，她/他所扮演的角色的总和构成了她/他完整的现实生活。

萨特本人对政治活动的积极参与，对文学创作的积极投入（尽管晚年认为文学是一堆废话），对社会热点问题的积极反映都是“介入”的体现。这种完全的“介入”，不仅不是对“自由”的限制，“确切地说，它是人对自由最实际、可能的肯定”，因为她/他知道，“只有通过介入现在，才会有将来真正的自由”③。“介入”不仅是对陈旧自我的刷新，也是对所处“境遇”的改造和超越，展现了人可以怀疑现存的一切和按照自己的意图对世界进行改造的可能性。

假如我们产生“为什么要积极地介入”、“为什么要反对自我异化”等疑问，就会发现，在萨特主张的背后实际上存在着一种潜在陈述：应该积极介入，应该反对自我异化。当一个陈述句中出现“应该”字眼时，它其实已经

① Jean-Paul Sartre, *Being and Nothingness*, 2001, p. 479.

② Ibid.

③ Friedman, Maurice, “Problematic Rebel: An Image of Modern Man”, *The Worlds of Existentialism*, 1964, p. 362.

属于伦理学范畴。它是一个“劝告”或“号召”，在“告知”我们事实的同时也在“劝说”我们去相信。把人和人的世界积极主动地联系起来的“完全介入”，已具有基督教存在主义者保罗·蒂利希所说的“终极关怀”的色彩和作用——“把诚实行为的主观性和客观性两方面统一起来”①。

蒂利希认为，“作为终极关怀的一种状态，诚实呼唤完整的人，它不能局限在纯感觉的主观性中。它为其关怀索求真相，并要求介入其中”。②对“完整”的追求，是伦理观、价值观的特征。可见，萨特的“介入”是在瓦解理性主义所信奉的“整体性”之后，以个体存在中固有的“自由”作为立足点，对“整体性”的新一轮追求，而“诚实”或“不诚实”则是他最有代表性、最明晰的价值观。不过，无论是蒂利希还是萨特，都没有真正厘清存在主义的伦理学说，这一重任被艾丽丝·默多克接手且完成了。

就萨特而言，他在伦理学上的失败，根源在于其哲学所固有的一些缺陷，譬如对“自由”、“介入”等概念的认识。表现在：①过度重视选择、行动，而没有对选择、行动背后更为复杂、深层的“动机”进行分析；②尽管他的理论其实已揭示出“我”和他人需共存的事实，但由于他太强调个人主观性，故更多看到的是“我”与他人的对立与冲突。萨特尤其无力解决伦理学不能回避的“信念”问题——这正是默多克着力研究的核心。

与默多克在道德哲学方面深入而现实的研究相比，萨特的“介入”与“诚实”显然非常粗陋，虽然富有煽动性的鼓舞作用，却缺乏与实际生活的紧密联系，与其说是伦理，不如说是口号。他们之间这种差别的产生是因为在以“同”为主的“意识”观上，还存在着看起来微乎其微的“异”，正所谓“差之毫厘，谬以千里”。

① Tillich, Paul, “Dynamics of Faith”, *The Worlds of Existentialism*, 1964, p. 346.

② Ibid.

第二章　意识：问题的浮现

“意识”不仅是萨特哲学的出发点，也是许多哲学流派的出发点，而且，作为一种感知、思辨对象的能力，它既是一切人类知识学科的出发点，也是人类生活的出发点。没有“意识”存在的世界，如同没有一丝光明的黑夜：无论黑暗是否藏裹着“存在”，结果都是茫茫一片的漆黑——无，更遑论会是怎样的“存在”。

这样的说法是否会被视为在我国有声名狼藉之嫌的“唯心论”呢?

唯物论和唯心论不过是从不同角度研究相同对象的不同手段而已，两者立场并非截然对立。唯物论着眼于“世界上一切存在都是由物质构成的”，强调物质对精神的决定作用；唯心论则着眼于“人们所谈论的、关于世界的一切，都是以心灵活动为中介的”，强调精神对物质的加工作用。正如唯物论不否定精神的作用，唯心论也不否认物质的存在，尽管不同认识论得出的结论可能“看起来”势同水火。

无论什么“论”，总的来说都有益于我们对存在的认知，而且，方法越多，越有助于认知的立体化。不妨学学孔夫子的扣其两端而竭，毕竟偏执一端者，难免走火入魔。过度强调“精神”的狂人如尼采，迷信唯意志论，后来发了疯；过度强调“物质”的人们则迷信“科学”，以至于“科学”俨然是真理的化身，扮演起上帝的角色。我们似乎忘了，“科学”是个体的、人类的“精神”劳动的成果，必然受个体的、人类的局限性的局限。无论是思想还是科学，都是在对前人的继承与批判中发展、进步的。辩证唯物主义哲学的高明之处在于它走了一条近乎中庸的道路，强调物质对意识的决定作用，却也肯定人的能动性，于是比较“科学”——如果“科学”等于“真理”或“正确”的话。

第一节　“意识”的存在

“意识”的阐释与界定在哲学上一直是个难题。笛卡儿关于“我思”（Cogito）的理论为此作出了重要贡献，其哲学对人的主体性的重视，掀开了近代哲学的新篇章，不仅为现象学大师胡塞尔的“先验之我”奠定了基础，也为从现象学而出的后来者萨特开启了一扇窗，建立了以“意识”为出发点的哲学理论。

1. “意识”的追寻

笛卡儿把“我思故我在（Ego Cogito Ergo Sum/I think therefore I am）”看作哲学的第一原理。他认为，在“我思（Cogito）”的活动中，“我”（Ego）作为“我思”的实施者，其存在是毋庸置疑的：虽然我可以怀疑一切，却不能怀疑“我在怀疑”；即便我偏要怀疑“我在怀疑”、甚至怀疑“我自身的存在”，也一定还有能够怀疑、正在怀疑“我在怀疑”或“我自身的存在”的另一个“我”存在着，否则，就不可能发生对“我在怀疑”或“我自身的存在”的怀疑。因此，“我思”是不可再还原的最为根本的出发点。“我思”所代表的“怀疑”，体现了人类思辨世界的能力，为近现代理性主义哲学添了砖、加了瓦，极大地彰显了人的主体性，无怪乎强调个体自由的萨特对笛卡儿哲学青睐有加。

在笛卡儿的基础上，胡塞尔运用现象学还原法从“我思”中还原出“我”（Ego），并进一步将这个实施“我思”活动的“我”细分为“先验之我（transcendental ego）”和“经验之我（empirical ego）”。“经验之我”之所以能够经验，是因为有一个“我”先验地存在着，因此，是“先验之我”把“经验之我”所经验的一切统一起来。我所感知的一切，包括我的“经验之我”，都是由于能感知的“先验之我”的存在。

“先验之我”是一个不能再还原的存在，因为“我思”之所以能够进行，是因为其中有能“思”之“我”的先验性存在。这个纯粹之“我”（pure ego）及其“思”（cogitationes）的存在，“先行于世界——我总是谈及的世界、我所能谈及的世界——的自然存在”；世界是“因我而存在、并在我有意识的‘我思’中为我所接受的世界”①。

胡塞尔的理论在认同笛卡儿“我思”的同时，更明确地把人的主体性置于世界之上，“我位于世间一切存在之上，位于我自己人世生活和作为人的存在之上”②，并以此为基础要求人对世界担负起责任。从这个哲学出发点来说，把胡塞尔看作存在主义者并非没有道理。

从现象学起家的萨特虽然在笛卡儿和胡塞尔那里找到灵感，但其“意识”说对“我思”进行了更为根本且细致的还原，因而更为纯粹。他认为，在笛卡儿所说的“我思”之先，其实已经有一种思维活动存在，即“伪‘我思’”（pseudo-“Cogitio”）或前反思意识（pre-reflective consciousness）——默多克称之为“非反思意识”（unreflective awareness）。就像他举的例子：必定先有“有一个关于椅子的意识”，然后才有“我有一个关于椅子的意识”。③ 我们从两个句式内容上不难看出，后一句显然比前一句要“冗长”：前一句中出现的名词只有两个——“椅子”和“意识”，后一个句中则出现了三个名词——多出了“我”。也就是说，首先我们大脑里必须出现“椅子”这个意象，然后才有机会提出“谁的大脑里出现了‘椅子’这个意象”的问题；经过思考——“我思”，我们发现原来是“我的大脑里出现了‘椅子’这个意象”。由此可见：

（1）笛卡儿所说的“我思”，实际上是“我有一个关于椅子的意识”，而在它之前存在着“有一个关于椅子的意识”，即“伪‘我思’”；既然“我思”在思维活动中未占据第一优先的位置，笛卡儿的第一哲学原理已然不攻自破。

（2）从上面两个句式中可知，胡塞尔赖以为根基的先验的“我”不仅不先验，反而是在第二阶段“我思”中作为反思活动的结果出现的，即它“不是意识的所有者，而是意识的对象”④；正是“意识”，“使我的‘我’（my I）的统一与人格成为可能”⑤。这样的“我”怎么可能是出发点呢？

（3）两个句子表明：“意识”是关于椅子的“意识”，而椅子是被“意识”所“关于”——即“指向”——的对象。句子中最根本的角色是“意识”，去“关于”/“指向”某对象的是“意识”而非“先验之我”，更非笛

① Edmund Husserl, “Cartesian Meditations”, *The Worlds of Existentialism*, 1964, p. 77.

② 转引自《西方哲学英汉对照词典》，第1014页。中文为笔者译——著者注

③ Jean - Paul Sartre, “The Transcendence of the Ego”, *The Worlds of Existentialism*, 1964, p. 89.

④ Ibid.

⑤ Ibid., p. 88.

卡儿那个笼统的“我思”。“意识”才是真正的哲学出发点。

默多克认为传统哲学虽然肯定了“反思”，却忽略了在此之前的“前反思”，而萨特对笛卡儿“我思”的深入辨析恰恰弥补了这一不足。虽然她没有专门阐述过自己的“意识”理论，但在其著述中多有涉及，尤其是在第一本哲学著作《萨特：浪漫的理性主义者》中，细致地辨析了萨特的“意识”。她在肯定、赞赏萨特“意识”说的同时也敏锐地发现了它的漏洞以及因此产生的萨特哲学思想缺陷，此两者综合构成默多克自己的“意识”观，并成为其元伦理哲学思想的出发点。可以说，从“意识”着手，更便于清晰地把握默多克理论的主脉，进而理解其思想全貌。

2. “意识”的虚无

笛卡儿的“我思”和胡塞尔的“先验之我”之所以不能作为哲学出发点，是因为它们不够纯粹，还有“内容”。笛卡儿的“我思”是“关于‘我’和‘关于椅子的意识’的意识”，而胡塞尔的“先验之我”则是“关于‘我’的意识”，虽然比“我思”纯粹一些，但仍然有“我”在其中。当我们剔除这些内容之后剩下的是什么呢？唯有“意识”自身。萨特有时候也把这个根本性的“意识”称作“纯粹意识”（pure consciousness），以区别于“关于对象的意识”。

“一个纯粹的意识必须是绝对简单的，因为它就是意识自身”。① “意识”必须是没有任何内容的，亦即虚无的。惟其如此，“意识”才能是透明的、纯粹的、不可还原的，从而堪当出发点。“虚无”虽然存在着，却无法像“存在”那样显现其存在，因此，虚无的“意识”不得不借助那些它所“关于”或“指向”的“对象”来显现其自身的存在。萨特在《存在与虚无》中用“力”的特性来比喻：“力”的存在，只能在“力”的使用过程（用力）中得以体现。当我们认识到作为出发点的那个纯粹的“意识”的存在时，它总是且只能以“关于对象的意识”显现出来的，即萨特所说，“意识”总是指向“对象”，“没有什么意识不是指向先验对象的”。②

有人不解地问：“你说‘意识’是‘nothing’，可我觉得‘意识’是

① Jean-Paul Sartre, “The Transcendence of the Ego”, *The Worlds of Existentialism*, 1964, 1987, p. 88.

② Jean-Paul Sartre, “Being and Nothingness”, *The Worlds of Existentialism*, 1964, p. 91.

'everything'。" 他所说的 "是 'everything'" 的 "意识"，实际上已经不是那个作为出发点的、虚无的纯粹 "意识"，而是它指向对象后所产生的 "关于对象（everything）的意识"。因为 "意识" 自身的虚无，我们所发现的意识总是 "关于对象的意识"，而不可能是 "意识" 本身，但 "关于对象的意识" 恰恰证明了 "意识" 的存在——尽管它是虚无的。

具有内容的实体能够以其自身显现其存在，总是 "是其所是"（is what it is）；而没有内容的、非实体的 "意识" 由于必须借助它所指向的对象来显现其存在，当它显现出它的存在时，那个显像并非它自身，而只能是 "关于对象的意识"。故 "意识" 总是 "是其所非" 或 "非其所是"，而不可能 "是其所是"。我们平常所 "见" 的各种意识，都是 "关于对象的意识"，而不是 "意识" 本身。我们可以对 "意识" 所指向的对象加以选择，却不能对 "意识" 本身有所作为。正如默多克所说，"我可以剖析、把握我所意识到的对象，却无法剖析、把握我的意识（awareness）"[①]，因为剖析、把握对象的能力是 "意识" 赋予的，我们再也无法比已是起点的它走得更前。

"意识" 是虚无（nothing），不是 "物"（thing），它似乎非常玄，其实通俗地理解，它就是人类所固有的感知、思辨对象的能力，是健全的人与生俱来的功能之一。"意识" 的存在说明：①人具有感知、思辨世界的能力，因为 "意识" 是人的 "意识"，人就是 "意识"；②人不得不感知、思辨世界，因为 "意识" 总是指向对象的 "意识"，没有不指向对象的 "意识"，否则，虚无的 "意识" 便无法显现其自身的存在；③人与她/他的世界的关系是主体对客体的关系，即 "意识" 与 "对象" 的关系，因此人的感知、思辨始终带有她/他本人的主观性色彩，而且不同的人即使感知、思辨同样的对象，他们各自 "关于对象的意识" 之间，必存在着他们各自主观性所带来的差异。

正是 "意识" 将人与世界联系起来。以 "意识" 为出发点，存在主义得以把个体的人放入其生活及世界中加以理解、研究，也符合默多克重视现实的哲学主张。基于类似立场，胡塞尔也反对把 "人" 和 "世界" 这两种存在分裂，而认为它们统一在主观性中。有一种观点认为 "真实存在之世界（the universe of true being）" 存在于 "可能性意识、可能性知识、可能性证据的世界" 之外，还认为两者仅仅靠稳固的外部规律联系着。这种观点被胡塞尔斥为荒谬的企图，在他看来，"人" 和 "世界" 两者实质上是一体的，而且仅

① Iris Murdoch, *Sartre: Romantic Rationalist*, 1987, p. 118.

仅存在于一个绝对的凝固物中——“先验的主观性”①。

萨特的“意识”解开了作为机器的人（身体）和作为幽灵的人（精神/心）如何成为整体的、活生生的人的难题，比英国分析哲学日常语言学派代表之一的赖尔（Gilbert Ryle）要透彻、深刻得多。

赖尔在其《心的概念》（*The Concept of Mind*，1949）中指出，大多数哲学家、心理学家都赞同一个可以追溯到笛卡儿的权威学说，即“每个人都有一个躯体（body）和一个心灵（mind）”②，这种将“身”与“心”对立起来的“机器中的幽灵说”（“the dogma of the Ghost in the Machine”）犯了一个范畴错误（Category - mistake）：“心理事物不能只是机械事物的一个种类”，那么，“既然不能把心理行为的词理解成表示机械过程发生的词，那就必须把它们理解成表示非机械过程发生的词。”③

他通过分析大量日常用语来反驳笛卡儿式的这种理论，希望把人作为整体而非机械割裂的二元组合，但始终没有触及根本问题，即“虚无的纯粹意识”。他在书中所谈到的“情态”、“感受”、“动机”、“趋向”、“想象”、“知道”等，甚至“语言”本身，都是“纯粹意识”指向对象之后所产生的“关于对象的意识”，也就是说，他所讨论的一切，都在“意识”这里得到统一。

赖尔所说的“机器中的幽灵说”还产生了我们常见的衍生物：“人的躯体和心灵通常是维系在一起的，不过，当躯体死亡后，心灵仍将继续存在，并且还发挥着作用。”④ 实际上，在科学如此发达的今天，宗教仍得以顽强生存，其重要原因之一恐怕就在于人们相信“灵魂”的存在。传教人员进行劝导的第一步通常是问你“人有肉体和灵魂，对吧？”接着就问“肉体死亡，灵魂去哪里呢？”这种劝导的潜台词实际上是把所谓的“心灵”或“灵魂”，即“精神”，视为与“身体”并存的实体，从而赋予它“物”的性质，只不过是“看不见”的物罢了。因此，当“肉体”这个物不存在，“精神”或“灵魂”这个物就必须另找个地方寄身……

只有从萨特“意识”的虚无性出发，才能真正解决赖尔所批判的“机器中的幽灵说”。这个“幽灵”不是与“机器”并存且像“机器”那样具有

① Emun Husserl，“Cartesian Meditations”，*The Worlds of Existentialism*，2001，p. 79.

② ［英］吉尔伯特·赖尔．心的概念．刘建荣译．上海：上海译文出版社，1988. 5

③ 同上，第 13 页。

④ 同上，第 5 页。

“物性”（thingy）的存在，因此不能像“机器”那样“是其所是”地以其自身显示其存在；它不是“机器”中的“幽灵”，而是“机器”所具备的功能。当我对传教人员答之以：①所谓的“灵魂”，在我看来就是“精神”；②人有肉体和精神，而精神是肉体所具备的功能；③因此，肉体不在，功能随之不在，也就无所谓精神、无所谓灵魂。既然如此，我又何需那么个天堂来安置随着我肉体的死亡而烟消云散的灵魂呢？

不妨撇开故弄玄虚的术语直白地说。人皆有“物性”的“身”，而此“身”具有特殊的感知和思辨功能，即萨特所说的“纯粹意识”，因此才会有所谓的“心”、“精神”或“灵魂”等，即各种“关于对象的意识”。“身”之不在，何“心”之有？

3. “意识”的辩证

虚无的“意识”具有活跃性和惰性两种特征：一方面，“意识”如同默多克所形容的那样，是一个我无法停留的“滑坡”，是“瞬息的”（instant）、“闪动的”（flickering）；另一方面，“意识”又像萨特所描述的那样具有“胶着性”（glueyness），默多克把它解释为“一种可以多少固化起来的胶质的或糨糊似的东西”①。

“意识”虽然总是指向对象，却不可能和对象结合成一体而具有其对象那种“是其所是”的稳定性，它仅仅是关于对象的“意识”而不等于对象本身。它始终不可能真正停留在某一点，而是瞬息闪动的，必然是、总是“是其所非”或“非其所是”：它只能借助对象来显现自身，所以，它任何时刻所显现的“是”其实都不是真正的它。因此，从根本上说，“意识”具有永不停歇的活跃性；也就是说，正常人的大脑无时无刻不在运作，没有停顿的时刻。

“意识”是人的“意识”，即是说从精神层面上看（必须强调这一点！倘若从物质层面看的话，恐怕让物理学、化学之类的发言更合适些），人就是“意识”，“意识”就是人。这使她/他的存在和与之相对的“物”的存在区别开来。用萨特的话来说，即人是“自为的存在（being-for-itself）”，而“物”是“自在的存在”（being-in-itself）。能够且总是以其自身显现其存在的“物”，其存在表现为稳定地处于一种形态之中（in）；作为与之相对的主体性

① Iris Murdoch, *Sartre: Romantic Rationalist*, 1987, p. 91.

存在，人的存在则表现为朝着（for）某种状态而改变且带有趋向性、目的性的运动。

人当下这一刻的所“是”，①实现了过去的她/他的目标，因而也意味着否定了过去的所“是”；②向着谋划中的未来的她/他趋近，因而也将被未来的所“是”否定。她/他过去的所“是”、此刻的所“是”和未来的所“是”，三者之间的关系不是同一，而是否定与被否定。因此，人作为一种自我设计并向着这个设计趋近的存在，她/他也总是“是其所非”或“非其所是”的。

也就是说，当她/他说“我是”的时候，那个“所是”是对过去的总结，而非此刻处于进行时的她/他；然而，进行时的、此刻的她/他由于仍处于“趋向”其“自我设计”的发展变化过程中，已经与过去的那个“我是”不同了。所以，当她/他说“我是”的时候，实际上她/他不是其真的所是，故“是其所非”或“非其所是”（当我说“我是教师”，“我”并不等于“教师”，“教师”只是“我”的存在状态之一）。

虚无的“意识”虽然总是指向对象，但在瞬息闪动过程中，它也始终带有“一定的自我意识、或适应性、或倾向性”[①]，萨特把这种特性比喻为“胶着性”，默多克认为这是很恰当的说法，她称之为“惰性”（inertness）。“胶着性”，或默多克所说的“惰性”，使原本闪动的“意识”变得黏稠，或多或少地“固化”（solidified）了。

“意识”的“惰性”使它习惯于停留在原来的状态，我们日常生活中所出现的因循守旧、害怕改变以及很难自动进入反思性的思索等现象，从某种意义上说，可视为“惰性”的体现。这样我们就不难理解为什么默多克认为“萨特正是在驱散这种胶质惰性的意义上描述了自由”，因为“‘自由’是意识的活动性，即我们反思并驱散一种情感状态、从世界的吸纳中抽离、与物拉开距离的能力”[②]。可见，“自由”和“意识”一样也是人所固有的能力，是“意识”的活跃性打破“惰性”、“胶着性”的体现。

就像默多克说的那样，无论是从“意识”活跃性还是惰性方面来说，生活都是具有连续性的“不断延长的材料”[③]。表现在：①就“意识”的活跃性而言，人作为“自为的存在”，其所“为”（for）——目标/自我设计，将她/

---

① Iris Murdoch, *Sartre: Romantic Rationalist*, 1987, p. 91.

② Ibid.

③ Ibid., p. 40.

他瞬间闪动的各种“关于对象的意识”联系起来，最终在“死亡”大幕落下的一刻构成其完整的总体“本质”。②就“意识”的惰性而言，它对旧有状态的保持，本身就带有连续性，只不过这种连续性是消极的。保持“意识”的活跃性，就是说，我们应当积极地生活，只有这样才能像萨特所说的那样，“我们有意识的生活的每个瞬间，都向我们揭示出一个‘来自虚无’（ex nihilo）的创造”①。是“创造”，而不是“等待”或“索要”。

贝克特的《等待戈多》（*Waiting for Godot*, 1952）揭示了世界的无意义的不知所谓的荒诞和虚无，但是，人们之所以“被困”在这种状态，实际上责任在他们自己：无休止地“等待”那个其到来能让一切都好起来的、然而谁也不知其人的戈多，却没有认识到他们自身有责任为自己“创造”而非“等待”或向外在“索要”能改变虚无和荒诞处境的“意义”！

第二节　“意识”的模式

在《萨特：浪漫的理性主义者》一书中的第八章，默多克指出，“马克思不是唯一把黑格尔‘理性的’辩证转变成‘真正的’辩证的人”，因为“克尔凯郭尔也是如此，只不过是用不同的方式”，②而萨特的辩证则体现在他的“意识”说；他不仅把“意识”本身表述为辩证的，还认为这种辩证就在于“意识”是从一种境况向另一种境况、从一个时刻向下一个时刻变化移动的；它反映了个体经验的真实变化，而不是形而上学的运作。根据萨特的说法，“意识”有三种模式，即默多克在《萨特》一书中所辨析的“非反思意识”（unreflective awareness）、“反思”（reflexion）和“为他之存在”（being for others）。

1. 非反思意识

萨特提到的“关于椅子的意识”就是“非反思意识”的体现，此时“意识”的对象是“椅子”。换言之，在这个模式中，对作为“意识”而存在的我来说，那些以各种方式引起我注意的、非我的存在，被我注意了。然而，尽管注意对象的那个主体是我，但由于我注意的是非我的存在，如默多克所

① Jean－Paul Sartre, “The Transcendence of Ego”, *The Worlds of Existentialism*, 2001, p. 89.

② Iris Murdoch, *Sartre: Romantic Rationalist*, 1987, p. 117.

说，此时我们关于自身的意识还处于含蓄状态。“这种含蓄意识被萨特称为‘自我知觉’［conscience（de）soi］，有时候他又称之为‘前反思的我思’（the pre-reflective cogito）”；此时我们能清晰地意识到的是“以某种特殊方式驱使或邀请我们”或“充斥着某些特殊道具”的“世界”①。对人而言地位特殊、重要的“自我意识”在此阶段仍是模糊的。

但是，“非反思意识”不等于弗洛伊德所说的“无意识”（unconsciousness）。在这点上，默多克与萨特立场一致。

弗洛伊德的“精神”（mind）不像统一体，而是被他分作“无意识”、“前意识/潜意识”（the preconscious）和“意识”（consciousness）三个相对独立甚至矛盾冲突的部分：“无意识”是我们没有意识到的各种精神内容或过程；“前意识/潜意识”是等待发现的潜在的精神部分，有时被等同于“无意识”；“意识”是我们已经意识到的精神部分。

据此，弗洛伊德的“我”被分为“本我”（id）、“自我”（ego）和“超我”（superego）三大块。

（1）“超我”是弗洛伊德所说的那个“意识”的内容，是人的理想自我，体现了她/他的道德理想——实际上无法真正企及的目标。

（2）“自我”则既包含些“无意识”的部分，也包含些弗洛伊德式“意识”的部分，它希望向“超我”靠拢，却又受“本我”的影响，更保留着挣脱道德束缚的欲望，其作用是“本我”和“超我”之间的调停者。在弗洛伊德看来，“自我”才是真实的“我”。

（3）“本我”是“无意识”的体现，是本能和“这一个”特殊个体的欲望的综合。“无意识”是对人最有影响力也是最主要的一部分；“前意识”作为混沌区，常常被归入“无意识”；真正能够被“我”了解和把握的只有“意识”，但这一部分在弗洛伊德看来，只是很少的一部分，而且力量微弱。

照弗洛伊德的理论，虽然“超我”的存在说明“我”追求着理想目标，但“我”实际上无法掌控本来属于“我”的、以“无意识”为根基的“本我”，后者反倒成为“我”真正的主宰……于是，拥有“本我”、“自我”和“超我”的“我”被弗洛伊德割裂为三，竟然陷入对自己所拥有的三部分无能为力的尴尬境地。无怪乎弗洛伊德得意地把精神分析法（psychoanalysis）称为继哥白尼、达尔文之后对人类的“独一无二性”的第三次冲击！这无疑

---

① Iris Murdoch, *Sartre: Romantic Rationalist*, 1987, p. 118.

是对强调个体的独特性、差异性及其责任的哲学家们的挑战。

在萨特看来，当弗洛伊德把“我”一分为三时，就陷入逻辑上的胡言乱语中：①“本我”、“自我”和“超我”本来是“我”的三部分，但如今经弗洛伊德的阐释就变成“我（I）是自我（ego），但我不是本我（id）”，因为“本我”虽然存在于斯，“自我”却无法了解、把握它；②虽然“我处于与我的‘本我’的关系之中”，但按照弗洛伊德的说法，却只能站在“他人”——非“我”——的位置上了。[1] 这种逻辑混乱破坏了人的精神的完整性。

与萨特的“意识”说相比较，弗洛伊德至少犯了下列三方面错误：

（1）“无意识”、“前意识/潜意识”和“意识”实际上是人的精神活动（即萨特所说的作为哲学出发点的“纯粹意识”指向对象的活动）的三种状态，它们不是“意识”本身，而是三种“关于对象的意识”，只不过因其对象不同而呈现出不同态貌罢了。因此，它们不但不可能脱离“纯粹意识”而独立存在，更不可能与之对立。默多克的话更为形象、直接。她认为不可能存在所谓的“无意识”，因为“没有什么东西在意识‘里面’（in），却不被意识所意识到”[2]！弗洛伊德所犯的错误，如同把壁虎断掉的尾巴当作一条新壁虎与断尾壁虎相提并论。

（2）既然“意识”是虚无的，那么，“关于对象的意识”也同样是虚无的、非实体的，而弗洛伊德的理论客观上将它们看作相对独立甚至冲突的、能够以其自身显现其存在的实体，变成了精神（或萨特所说的“意识”）”的“内容”。这不仅否定了“意识”的虚无性，也否定了“意识”不能以其自身存在、总是指向对象的特性，在某种程度上使“意识”变成“是其所是”。如果“意识”是“是其所是”，能够以其自身显现其存在，那么，它就可以不指向对象。换言之，我们的精神并不非得活动不可，大脑真的可以处于停滞的真空状态——只要它高兴。

（3）弗洛伊德对它们的实体化破坏了“意识”（萨特）的活跃性，使他对“意识”的惰性执著得过了度，以至于他的人不再是真正意义上的“是其所非”或“非其所是”的“意识”的存在——虽然他的人也在自我谋划并希望趋近其谋划，但终究是被定制的、类似自在之物的存在，即本是“自为的

---

① Jean - Paul Sartre, *Being and Nothingness*, 1989, p. 50.

② Iris Murdoch, *Sartre: Romantic Rationalist*, 1987, p. 128.

存在”，实则“自在的存在”。甚至，弗洛伊德硬要把“自为”弄成“自在”的这种做法，若用萨特的理论去分析，就是“自欺”或“不诚实”。

至于弗洛伊德的“情结”（complex），在萨特看来，并不是“无意识”的产物，而是各种“意义”（meaning）的“多价化合”（polyvalence）[①]。“意义”是人赋予的，而非固有的、独立存在的先验之物，因此，弗洛伊德所谓的“情结”不过是人的造物，是由“我”决定而非决定“我”。如果承认“情结”对人的操控，无异于承认我被自己所决定、创造的“意义”决定、创造着，显然有违事实，是“自欺”或“不诚实”。在强调自我决定、自我负责的存在主义看来，无论是弗洛伊德的“无意识”还是人们平常所说的“冲动”，都是人通过否定“自由”而逃避自己应负责任的借口。

在此我们不妨以“冲动”为例。人首先是向着自己的谋划进行选择、行动的存在，这意味着她/他要为其过去、现在和未来负责；其次，“现在的我”是“过去的我”的谋划的实现。拒绝为“冲动”承担责任是因为她/他认为“冲动”时刻的自己和此刻的自己不相干，也就是说，“现在的我”不是“过去的我”（“冲动”时刻的我）的谋划的实现。这只能说明，她/他在“冲动”时刻所做出的选择、行动并不是向着未来的谋划的实现，因此，至少在“冲动”的那一刻，她/他的“自由”向当时的境况低头了。亦即，她/他在那一刻处于否定“自由”的自欺状态——欺骗她/他的人是她/他自己。无论从第一还是第二个方面来看，用“冲动”来开脱自己犯下的错误或罪行都说不过去。

萨特指出，与弗洛伊德派不同，存在主义精神分析学首先肯定人是自由的，它的方法是要确定一个人“最初的选择”：“选择”的责任人仍是她/他自己，正视其隐秘心理就是正视其最初的选择并为它们承担责任，进而作出面向未来的此刻的选择。

尽管“非反思意识”只是一堆支离破碎的“资料”，尽管“意识”有维持原态的惰性，但它是一个非常不稳定的阶段。只要稍受刺激，即默多克所说的“刺痛”（bite），就会进入反思阶段。这在有关道德的疑问中表现最为明显，譬如“我是否歪曲了这个情况？”就是一种促使“意识”从非反思进入反思阶段的“刺痛”。

另外，如默多克所说，外来观察者的突然出现给我们带来的不适感（un-

① Jean - Paul Sartre, *Being and Nothingness*, 1989, p. 570.

easiness）也是促使我们进行反思的一种刺激，譬如萨特所说的由于别人的“看”而导致的“羞耻感”就是反思的体现。它表明“自我意识”从非反思阶段的模糊状态进入了反思阶段的清醒状态，发现了我被他人“看”，产生了与“被看”有关的一系列感觉和想法。“我”成为“意识”指向的对象之一，“关于我的意识”出现了，我们得到了清晰明确的“自我意识”。

2. 反思意识

“反思意识”被默多克看成是“意识”对“非反思意识”所获取的“资料”（data）进行重组的过程。它如同发现之旅，使人认知自身以及非自身的存在。

在对非反思阶段所“摄取”的资料进行加工的时候，“意识”发现：我感知到椅子的存在时，我所获得的并非真的是椅子本身，而仅是“关于椅子的意识”——为我所有的一种意识。因此，人类心灵所“容纳”的一切“内容”，事实上不是“意识”的内容，而是关于各种对象的意识，它们显现了“意识”的指向，而不能被等同于“意识”所指向的对象本身。

所谓的宇宙，“不过是人的宇宙，人的主观性的宇宙”①。世界处处都被打上指向它的那些“意识”所具有的主观烙印。默多克说，“我们再也无法想象所有反思者竟会有着同样的目的和价值”，人作为一种主观的反思意识，自然“可以具有不同的‘性质’，同时可以用截然不同的方式看世界”②，对于“能思之存在”——人，全体一致认同的某种观念或价值是不可能存在的！

结果，能够在每个“意识”中都以同样面目显现的纯然客观的世界不过是“意识”永远无法企及的彼岸，亦即存在主义利用还原法所推测得出的那个虚无、偶然与荒诞的世界。我们所能看到的、生活其中的世界，是一个充满“意义”的、貌似充实的世界，然而，所有的“意义”并非先验，它不过充当了众“意识”之主观性加诸（impose）存在之上的证据罢了。

尊重个体差异性、承认世界多样性、放弃对封闭体系或独家真理的痴迷，是萨特等存在主义者及默多克本人的鲜明态度。理性主义和宗教哲学所追求的终极关怀或绝对真理大多建立在一片虚土之上：假设人类思想能够达到、应该达到最终的一致……它们和“天才”、“科学”之类的词语无涉，倒是和

① Jean－Paul Sartre，“Existentialism”，*The Worlds of Existentialism*，2001，p. 244.

② Iris Murdoch，*Sartre*：*Romantic Rationalist*，1987，p. 70.

"野心"结结实实地绑在一道，如舍斯托夫指出的那样，"一个人最难摆脱的是这样一种思想，就是他的真理乃是也应是所有人的真理！可尽管如此，他也还是不得不与这种'真理'分手"①。

千百年来为这个假设奔忙的思想家不计其数，编织着"皇帝的新衣"。这些编织者怕的不是世故、胆小、媚俗的成人，而是无知、无畏、好问的孩子，后者一个接一个的"为什么"或"何以见得"最终将把他们追问到一个死胡同，他们只能拿出最后的王牌："我认为如此"、"我相信如此"，或者干脆撕破脸皮——"我高兴如此"。每个人的"真理"真正的稳固基石只有一个，不是他们所宣扬的"意义"，而仅仅是他们自己的"信"（believing）。

"信"既体现了人的主体性"自由"，也体现了思想的主观性。任何一种理论思想都像默多克所说，一半是"说明"，一半是"说服"。事实上，不仅"说服"体现了不同思想者的个体主观性，即使"说明"部分也同样受主观性的限制。一切"体系化"的理论大厦，无论是谁建造的，都不可能坚不可摧。

我与他人从根本上不可能一致，但是，第一，我们的主体性使我们能够决定"意识"所指向的对象；第二，虽然我们谈论的仅是各自所意识到的"世界"，但我与他人仍可交流，因为我们的"意识"指向了同样的对象，一个"是其所是"的稳定的对象，它使我们各自"关于对象的意识"具有一定的稳定性和类同性。

在默多克看来，先验"意义"的丧失及世界的虚无、偶然、荒诞并没有完全否定人与他人、与世界和谐相处的可能性，只要我们关注同一个对象，譬如"善"，就能达成某种程度上的一致。尽管如此，人和人在认识上归根结底是不可能完全一致的，就像舍斯托夫所说，即使是"两个正统穆斯林起誓"，他们"说的也不是同一个，而是两个阿拉"②，这就不难理解为什么默多克把"善"视为无法定义、描述且神秘的概念（详见本书第四章第三节）。

反思阶段意识也发现了人所处的"境遇"（situation）。默多克认为，对"境遇"的描述是"半心理描述和分析"的存在主义作品中"最杰出、最有

① ［俄］舍斯托夫．"凡人皆有一死"．钥匙的统治．张冰译．上海：上海人民出版社，2004. 188

② ［俄］舍斯托夫．"钥匙的统治"．钥匙的统治．张冰译．上海：上海人民出版社，2004. 99

启发性的部分"[1]。作为"意识"，人是虚无的，因而是自由的；但作为一种生物，人受到各种必然性限制，即萨特所说的"存在于世、运作于斯、处他人之中、走向死亡的必然性"[2]。

（1）人是自由的，但无法超越"死亡"。也许可以通过各种方法一再延长寿命，可最终难逃一死；纵使能够永生，也无法承受永生带来的虚空，就像《人都是要死的》书中所塑造的福斯卡，反反复复地咂摸着没有终结的经验，甚至恐惧着人类灭绝后的可怕孤独的到来。

（2）人可以谋划她/他的世界，但始终受到自在世界的制约。作为"意识"之对象的自在世界，是人的世界的前提和基础，后者永远不可能超越它；况且，"关于对象的意识"不等于对象本身，人的世界始终与自在世界之间存在着距离，那么，只能生活在人的世界中的我们，连自在世界的真面目都难得一见，"超越"又从何谈起呢？

这不免让人想起科幻电影《黑超特警组（黑衣人）》（*Men in Black*）中耐人寻味的一幕，它不失为对世界无限性和我们知识有限性的一个生动比喻。

当老特警 K 打开他在中央车站的 C18 号储物柜时，年轻特警 J 惊讶地发现里面竟然是一个微型世界，生活着众多头上长触角、毛茸茸的生物。除了外形不一样，他们和人类没有区别——作为"意识"的存在。那里的"人们"把 K 放在储物柜里的手表当成照亮他们世界与心灵的时光器，并因此把 K 当作光明之神加以崇拜，他的出现对于他们来说就是神的降临。当 K 把手表从他们的钟楼上拿走时，他们发出世界末日到来般的哀号声，心软的 J 连忙把自己的手表挂上钟楼，立刻被当成了新的光明之神，"人们"对他高呼"OK"。K 原来放在那里的一张名片也被当作戒律，先知模样的家伙庄严地阐释它，以此指引"人们"的生活，而那张卡片不过是红灯区的一个地址。

影片尾声时，J 打开自己的储物柜，发现那个袖珍世界被 K 转移到这里，见多不怪的 K 平淡地解释说，让 J 享受一下被崇拜的感觉。J 认为应当把他们放出来，因为世界其实不是一个储物柜那么大。于是，K 猛地踹开旁边一扇门，J 赫然发现：我们人类也生活在一个储物柜中，外面是异型人的中央车站！

2007 年上映的卡通片《霍顿与无名氏》（*Horton Hears a Who*）中的大象

---

① Iris Murdoch, "The Existentialist Political Myth", *Existentialists and Mystics*, 1997, p. 133.

② Jean - Paul Sartre, "Existentialism", *The Worlds of Existentialism*, 1964, pp. 137 - 138.

和它倾力挽救的那个建造在一粒灰尘上的无名小镇之间的关系，也包含着类似思想。

（3）人在该意识阶段发现的不仅是她/他自己，也包括“他人”；进而发现，她/他生活在与他人的关系中，而他人和自己一样是“自为的”，因此，她/他把别人当作对象加以观察的同时也意识到，他人以相同的方式对待她/他——既然他人与我同样是“人”这种存在，自己也被他人对象化，把主体性的她/他变成了客体性的她/他。在这个意义上，萨特认为人在实现其“自由”的过程中，不仅要与“自在的存在”冲突，也与其他的“自为的存在”冲突。当人发现自己的境遇以及不得不在这种境遇中生活的这个现实，便无可奈何地陷入存在主义所说的、存在本身有固有的“焦虑”之中。

“境遇”的根源在于“意识”的存在。在默多克看来，萨特所说的“境遇”可视为“意识”的性质。只要意识存在，这种境遇就存在，人无法否定境遇，因为她/他无法否定意识。然而，“境遇”不是对“自由”的否定。“意识”是人的意识，“境遇”是人的境遇，如西西弗斯通过行动将神决定的命运转换成自己的命运，人能够通过“介入”把“境遇”转换成自己的境遇。

被俘的经历使萨特认识到，“绝对自由”不存在，自由是境遇中的自由。这种“自由”体现为，人可以自由地选择如何看待境遇，如何经验境遇，以及如何超越、在何种程度上超越境遇。即使是被捆绑的人，仍然可以自由地选择以何种心态对待此种处境，可以自由地选择是否、如何摆脱这种处境。

现实生活中不乏其例。2007 年 4 月 20 日，CCTV 全国电视舞蹈大赛上表演双人舞《牵手》的两位残疾参赛者，非常生动地体现了“自由”在“境遇”中的巨大可能性。女演员是十年前失去右臂的舞蹈演员，男演员则在四岁时丧失整条左腿。他们凭借对舞蹈的热爱和坚强的毅力，表演了难度极高的、四肢健全的普通人都无法做到的各种动作。

这个故事一方面说明，对生活积极介入的结果往往是对自身境遇的超越；另一方面也显示，人对境遇的超越并不是绝对的：毕竟男演员要借助拐杖跳跃，而女演员只有一条手臂可以用来表现采茶的动作。

当人们在日常生活中感受到“不自由”的时候，他们所说的自由并非存在主义所说的“自由”。虽然两者在某种程度上都可以理解为进行选择的能力，但是，存在主义的“自由”指的是“人是否能够选择”，而人们平常所说的“自由”则是“人是否能够选择某对象”。巴恩斯说，两者之间的差别，萨特从来没有混淆过[①]。

当我们在实际生活中因不能选择某对象而感到不自由时，并不能否定存在主义所说的“自由”，因为，不仅决定选择该对象的人是我们自己，而且，决定因无法选择该对象而感到不自由的人也是我们自己。这就是为什么在对待同样一种处境时，不同的人会有不同的心境。事实上，倘若没有存在主义所说的“自由”，就不可能有人们常说的“不自由”。

在与世界的关系中人发现的主要是包括精神和身体两方面的“我”（I）：作为主体性的“自为的存在”与作为客体性的“自在的存在”相对照。“自我意识”在非反思阶段是模糊的。在与他人的关系中，人才有了明确的“自我”（self）：一个“自为的存在”和其他“自为的存在”相对照。“自我意识”在反思阶段变得清晰并占据重要地位。

“自我”（self）作为“我”（I）的“自我”，一方面是对已发生的“我”的认识，另一方面也是对将发生的“我”的谋划，是朝向谋划运动、变化的，仍是默多克所说的那种“我”无法停留的“滑坡”，仍是“是其所非”或“非其所是”的虚无的“意识”。无论是从“自我认识”还是从“自我谋划”方面来说，“自我”都是不稳定的、非实体的存在（参见第一章“存在”篇关于人与“自我”的疏离）。正是在这个意义上，“当萨特讨论自我时，他把自我说成是永远被追求却又永远达不到的东西”[②]。

被唯我主义视为中心的“自我”不过是臆造之物，其实是被实体化的“关于我的意识”。以这种臆造之物为中心，从某种意义上说，是一种“自欺”，亦即“不诚实”——属于道德伦理范畴的一种价值观。事实上，“自我意识”就是与道德伦理始终相关的一种意识，它本身就是道德伦理意识——与道德伦理相关的意识。此处的“道德伦理”是中性概念，既不等于具体的“道德伦理规范”，也不等于褒义词“有道德的”、“有德性的”或“讲伦理的”等。

道德伦理所关心的是人与他人、与世界如何和谐相处，即统一性、整体性。它是一种把他人和世界纳入关注范围、具有一定利他性质的精神追求。如巴恩斯所说，“伦理性存在于个体的过去、现在和将来的统一性中”[③]。这

① ［美］黑泽尔·E·马恩斯．冷却的太阳．万俊人等译．北京：中央编译出版社，1999. 15

② 同上。

③ 同上，第16页。

种统一性并不是“意识”所固有的，而是来自人的自由谋划、追求，即“自为的存在”的所“为”。人的所“为”将其过去、现在、未来统一为具有意向性的整体。她/他的“整体性”在“死亡”到来的那一刻得以体现，成为她/他的总体的“本质”（在人生中的不同阶段、不同方面都有不同的、相对的“整体性”和“本质”）。意向性、目标趋向性实际上是人对自身、对世界的“意义”的设定，即我应该如何，世界应该如何，换言之，是一种伦理诉求。

然而，这种诉求并非完全个人性、主观性的，因为“自我意识”不是全然向内的注视，表现在：①在对自我的认识过程中，自我评判所依据的原则不仅是我自己的，也包括了我从他人、社会那里接受、采纳的部分，在实际生活中，通常是后者为主，前者为次；②自我谋划时所希望达成的理想中的“我”，更主要是为了得到他人、社会的肯定，而不是纯粹做给自己看的；③离开他人，我们无从创造自己的“意义”，这是萨特《禁闭》（*Huis Clos*，1944）和波伏瓦《人都是要死的》所表现的主题之一。如同假如永远没有观众、没有舞台，演员作为“演员”的意义就会丧失。

客观上，道德伦理所“取悦”的对象不是我，而是我之外的存在；主观上，道德伦理却是为了让个体生活得更好，因为与他人、世界的和谐最终使我们生活得快乐，能够更好地发展自己。无论从客观性还是主观性来看，“自我意识”与道德伦理都是一致的。无论是萨特还是默多克，他们把“自由”与“道德”联系起来的出发点都在于此。在萨特看来，真正的“自由”实践是具有清晰“自我意识”的选择行动，以“自由”为依据，他提出了“诚实的”/“不诚实”的价值观；默多克的“道德”尽管强调“去自我”，但是并没有否定这一点，只是她更认为“自由”是与道德相关的“道德性自由”（详见本书第四章）。

3. 为他的存在

“意识”的第三种模式就是默多克所说的“别人如何标注我们”、“如何看待我们”；它既是关于“被他人看”（being-seen-by-the-Other）的意识，也是关于“看他人”（seeing-the-Other）的意识，反映了人与他人互相依存、互相冲突的复杂关系，集中体现为“看”（look）或“凝视”（gaze）。

“看”在萨特看来，“体现了一个不可还原的事实，这个事实既不能从作为客体的他人（the Other-as-object）、也不能从我作为主体的存在（being-as-subject）推理而出”[①]。作为“看他人”的主体性存在，我在“看”的过程中把被我看的他人对象化、客体化，使他人从“自为的存在”沦为“自在的存在”，从闪动不定的主体性“意识”变为固化的客体性的“物”。当我意识到这一切的时候，同时也发觉，作为和我一样的“意识”，他人也同样如此“看”我，把我变成他们的客体对象，取消了我的主体性。

我通过“看他人”了解了我的“被他人看”。因此萨特说，“看他人”的真相是“被他人看”。作为“被他人看”的客体性存在，我知道自己在他人那里丧失了主体性，在被客体化的同时被固化为“自在”，此刻，看我的他人才具有主体性：决定他人眼中的那个“我”的人，不是我自己，而是看我的人。这种不适感向我揭示了他人的“自由”，而且，对于看我的那个“自由”会如何看我，我完全无能为力。

“看”使我对他人的感情极为微妙复杂，或可谓爱恨交加！

（1）我作为主体性的存在，是闪烁不定的“是其所非”或“非其所是”，而非“是其所是”，因此，我无法把握自己。但是，当他人“看”我时，我被相应地固化为稳定的“自在”而变得可以把握，亦即通过他人对我的固化，我似乎了解了自己：我通过别人对我的看法来了解自己所不能把握的我。而且，我需要他人、感谢他人“看”我。如果没有他人对我的“看”，我始终是变幻不定的虚无；只有当他人“看”我的时刻，我才真正地存在于他人的世界中——尽管是作为“物”。

（2）他人的“看”却又剥夺了我的主体性，使本来不断变化发展的我，固化在某个时刻、某个状态，扭曲了我的真实存在。就像萨特所说，“我”“在别的自我（other selves）的世界，被它们当作客体、并被赋予与它自身背道而驰的意义”[②]。况且，这个背道而驰的“意义”也是我根本无法把握的，使我产生一种我的存在秘密掌握在他人手中的锥心痛楚——因为“他知道我是谁”，并为我既无法把握主体性的他人、也无法把握其眼中的我而备感烦恼。这就是《禁闭》中三个鬼魂的烦恼。他们各自都处于“说服他人而不能”和“拒绝他人的说服而不成”的双重痛苦中，构成互相追逐的怪圈。

（3）但是，“看”归根结底揭示的是我的主体性：正因为我是主体性存在才发现了我“看他人”和“被他人看”。我并非纯粹的他人眼中的客体，

① Jean - Paul Sartre, *Being and Nothingness*, 2001, p. 257.

② Iris Murdoch, “The Novelist as Metaphysician”, *Existentialists and Mystics*, 1997, p. 104.

我也是“看”到他人之“看”且回“看”他人的主体，我最终可以对他说的是，“你这个怀疑者、嘲笑者，你被看了”①；反之亦然，我所遇到的事实，就是他人所遇到的事实。他人在“看”我的同时也发现了我的主体性、我的“自由”。

“看”的实质，既是一个“自由”遭遇另一个“自由”，也是一个“自由”承认另一个“自由”。正因为我和他人都是“自由”，我和他人才互相在对方那里发现了自己。萨特说，“我被看，所以我存在（am）”②。看我的人“导致”我存在，只不过此“存在”不是我对自己而言的“存在”，而是我对于他人而言的“存在”——“我像他看我的那样存在”③。

事实上，如萨特所说，人总是追求被他人“看”，从中实现自己所追求的意义。埃里森（Ralph Ellison）的小说《看不见的人》（*Invisible Man*，1952）俨如这个思想的文学化注释，主人公黑人的愤怒正是由于他发现自己在以白人为主的社会的“眼”中不存在，这使其作为活生生的人的存在变得空洞、透明，似乎他在社会中不存在了，其人生的“意义”也就无从谈起。从这个层面上看，保罗·蒂利希所说的那个赋予一切“意义”以意义的“意义”——“终极关怀”——并非唯一的“意义”源泉（详见本书第一章第二节关于“焦虑”）。

既然他人的存在使我们的“意义”有意义，则他人才是“意义”的源泉。这样一来，我们就不难想象福斯卡（波伏瓦：《人都是要死的》）为什么对自己在人类灭绝后还要独自存在下去而恐惧，也不难理解默多克为什么强调从“自我中心”转向“他人中心”。

对“看”这一事实的不同态度，导致不同状态的人际关系，可能是“地狱”，也可能是“天堂”。“他人”之所以堪为“地狱”，乃因为人与人之间关系恶化。萨特的剧本《禁闭》在生动演绎“地狱”的同时，也为“天堂”的可能性埋下伏笔。

剧中三个鬼魂生前都极度自私，为满足个人欲望而不惜伤害他人，并且毫无内疚之意，死后带着累累罪行下“地狱”接受永远的惩罚。惩罚他们的不是各种身体酷刑，而是来自他人的、无处可逃的精神折磨。

---

① Jean - Paul Sartre, “The Reprieve”, *The Worlds of Existentialism*, 1964, p. 189.

② Ibid.

③ Ibid.

一方面，他们都试图改变他人对自己的态度：加尔散试图让认定他是“胆小鬼”的女同性恋者伊内丝改变对他的看法；伊内丝希望追逐加尔散的女色情狂艾斯黛尔能投入她的怀抱；艾斯黛尔则为了得到加尔散的拥抱而不惜说任何他爱听的话。另一方面，他们又拒绝改变自己对他人的态度：艾斯黛尔拒绝伊内丝要她放弃加尔散的劝说；伊内丝拒绝按加尔散的要求承认他不是“胆小鬼”；加尔散则拒绝拥抱艾斯黛尔，因为在他所介意的伊内丝的目光下他做不出这种事情。三个鬼魂构成了一个追逐和反追逐的循环。于是，加尔散哀叹道：“不需要炽热的火棍，地狱即他人！”①

他们都意识到一个事实，即“我”暴露在他人的“看”中，既被他人看，也看他人，并看到他人在看我。但他们却拒绝承认“看”所包含的事实：①他人在看我时是主体、是自由，而我是他人的“看”的客体，我无法左右他人对我的“看”；②看到他人在看我的人，是我自己，归根结底，我是主体性的，虽然我无法改变他人眼中的我，却可以停止看他人对我的“看”——不在乎他人的看法。对他人的“自由”而言，他们是从中作梗的敌人；对他们自己的“自由”而言，他们是在顽冥不化地“自欺”。

当人与人的关系彻底恶化至此，他人只要作为“意识”存在着就足以成为我的“地狱”。就像伊内丝说的那样：“我的每一个毛孔都感到你在那儿。你的沉默在我耳朵里喧嚷。你可以钉住你的嘴，切掉你的舌头——但你不能阻止你在那儿。你能停止你的思想吗？我听见他们像钟表一样地嘀嗒着，嘀—嗒，嘀—嗒，而且我确定你听见了我的。”②

如果以这样的方式存在于世，无异于行尸走肉——萨特曾提醒读者、观众不要忘记《禁闭》中的人物们已经死去，因为“人只有完全真实地是自己才能够被认为真正地活着”③。实际上，三个鬼魂在“地狱”这种“境遇”中，他们仍然是自由的。在萨特看来，他们随时都可以选择停止对他人的追逐，使这个恶性循环瓦解。

正如从“存在即合理”推导不出“存在即正确”一样，从该剧人物所说的“地狱即他人”也得不出“他人即地狱”这种大而化之的普泛结论。后一种说法看起来与原文的意思差不多，却有微妙的根本差别。

---

① Jean-Paul Sartre, “No Exit”, *The Worlds of Existentialism*, 1964, p. 188.

② Ibid., p. 187.

③ ［英］戴维斯·麦克罗依．存在主义与文学．沈华进译．天津：春风文艺出版社，1988. 8

《禁闭》中的鬼魂知道自己下了“地狱”，但在像旅馆一样的房间里找不到任何惩罚他们的刑具，在受到他人的精神折磨后，加尔散才醒悟，原来他们都是他人的“地狱”。萨特的目的是要在绝对境遇中揭示，如果不愿正视自己的“自由”、不愿尊重他人的“自由”，人与人的关系就会恶化成这种“地狱”；而不是要一概而论地认为，他人一定就是我的地狱。

面对此剧所引来的抨击，萨特颇感委屈，否认自己仇视他人。他强调说，当人与人的关系恶化时，他人可能变成我的地狱；并且指出，三个鬼魂中只要有一个停下来，这个怪圈立刻就断开。

试想，如果每个人都能反三个鬼魂之道而行，能够正视自己的“自由”并承认、尊重他人的“自由”，那么，我们就能避免鬼魂们的“不诚实”，人际关系就会因为我们的“诚实”而变得美好如“天堂”——“那可能会妙不可言”[①]！

第三节　“意识”的现实

默多克指出，萨特通过对“意识”的阐述，首先是要描述“我们如何看世界”，其次是通过这些描述揭示出“世界是什么样子”[②]。萨特得到的结论是：“没有世界，就没有自我、没有人；没有自我、没有人，就没有世界”[③]。人被放入她/他的世界中，作为活生生、现实的存在加以考察。这种关注现实的态度和方法都为默多克所肯定。

但是，萨特“意识”说存在着某些缺陷，客观上导致其理论忽视社会基础，沉溺在形而上学的幻想中，在默多克看来缺乏现实可行性。如默多克所指出的那样，萨特强调反思能力，但关注的只是作为能力的“理性”本身，而非此能力可能达到的目的，以至于其学说陷入唯我主义泥潭，而他的“意识”论也就显得浪漫了，最终变成“关于我们境遇的一种神话”[④]。默多克所要做的，就是增强它的“现实”成分，把它“拉回到我们的日常生活中来”[⑤]。

---

① ［英］黑泽尔·巴恩斯．冷却的太阳．万俊人等译．北京：中央编译出版社，1999. 375

② Iris Murdoch, *Sartre: Romantic Rationalist*, 1989, pp. 116－117.

③ Jean－Paul Sartre, *Being and Nothingness*, 2001, p. 104.

④ Iris Murdoch, *Sartre: Romantic Rationalist*, 1989, p. 136.

⑤ Ibid.

1. **“理性”（Reason）之误**

三种“意识”模式中，“反思”最为重要。默多克把萨特的“反思”分为“严肃的反思（serious reflexion）”和“默许的反思（*la réflexion complice*）”两种类型。

（1）“严肃的反思”是揭示真相的反思，体现了“意识”特性的积极面。“对一个人特性的严肃反思常常会导致对空虚（emptiness）的好奇感；而且，如果一个人好好地了解另一人，有时就可能直觉到与他自己同样的空（void）”①。

“严肃的反思”使我们不仅认识到“意识”本身的虚无，亦即人的虚无，也能推己及人地认识到他人与我一样，是“自为的存在”的虚无的“意识”，是“是其所非”或“非其所是”，而非固化的“是其所是”。我不愿意被他人固化在某个时刻；反之，我也不能把他人当作僵死不变的“是其所是”，而要承认他人作为“是其所非”或“非其所是”，与我同样具有各种发展变化的可能性。

我们中国人说得好，“士别三日，当刮目相看”，表现在：其一，“士”不仅指某些人，从“意识”特性看，每一个人都生来是令人“刮目”的“士”，人不仅不可能两次踏入同一条河，在某种意义上说，也不可能两次看到同一个人——既然“意识”无法停留在某一时刻；其二，故不必等到他人“鸟枪换炮”时我们才来“刮目”，而应当承认人是变化的，应时刻“刮”了“目”看待他人。然而，实际生活中往往是另一幅景象。

由于我们只能考察“意识”的对象，却不能考察“意识”本身，换言之，我们可以考察“反思”所关注的对象，却不能考察“反思”本身。所以，“反思”的运作并不稳定；正因如此，我们非常想为自己创造“虚假的对象”（spurious object），即“我们的特性或本质”，想象它与我们的行为有着因果联系。

这就是被萨特视为“不诚实”的：

（2）“默许的反思”，反映了“意识”特性的消极面。它不仅试图将我们自己固化，也在看他人的时候将其固化，实际上否定我与他人“是其所非”或“非其所是”的“自为”。默多克指出，我们把精神生活看作“物”的这

① Iris Murdoch, *Sartre: Romantic Rationalist*, 1989, p. 119.

种倾向，在生活中不断被一个事实所强化，即别人和我一样也是这么看的。

现实中很多人习惯于把他人固化在已死的“过去”，以为自己能够把握他人的本质、甚至推断他人的未来。中国的父母很容易对子女说出的一句话是：我太了解你了，因为你是我的孩子！实际上，父母所了解的只是子女的过去，而且还不是子女的全部过去，仅仅是他们所看到的那一小部分过去。作为个体存在，父母连自己的本质都无法把握，又何以如此自信，竟然认为自己能够把握子女的本质并足以运筹帷幄地左右他们的生活呢？当我们仅凭自己看到的一点点破碎景象就对他人及其生活评头品足、说三道四，甚至横加指责、干预、破坏的时候，比起出于爱心而“多管闲事”的父母便显得可恶了！

“严肃的反思”体现了具有目标趋向性的自觉谋划，而“默许的反思”则伴随着被固化的“意志”。“自由”使人能够自由地选择——无论她/他是否承认其“自由”，但其“选择”因其态度的“诚实”与否而有根本差别。“在萨特看来，真正的选择存在于较为长期的努力之中——通过一种纯化反思（a purifying reflexion）来担负我们的存在”①。这种努力就是对鱼龙混杂的“反思”不断地提纯，亦即清除“默许的反思”，进行“严肃的反思”。这种纯化反思的力量即萨特所青睐的“理性”。

问题是，萨特看重的是“理性”本身——因为它显示了人的精神力量，而不是因为它是“达到目标的手段”。萨特很明白“意识”总要指向对象，否则就是“虚无”，可他却津津乐道于这种虚无的“意识”，推崇、赞美人的思想力，似乎忘了能力只有在发挥作用的时候才能得以显现。这在客观上削弱了对“对象”的兴趣和关注——尽管他的“意识”学说从根本上已经把人与其“对象”紧密联系起来。

对于默多克来说，人作为在世的、总是与他人发生各种联系的存在，应当关注的不是自我，而是他人和世界。思想力之所以重要，不是因为它是我们人特有的能力，而是因为它可以为我们所用，去思考、进而解决现实问题。在这个意义上，她更认同马克思主义。

默多克认为萨特是一个理性主义者，但他与马克思主义的理性主义有根本区别：马克思主义把世界看作一系列的实际问题，其关注中心在于解决这些问题的活动，而非个人反思的预备阶段，萨特则更看重后者；结果，马克思主义对人类的善和社会机制都有清晰的认识，而萨特则两方面都缺乏；前

① Iris Murdoch, *Sartre: Romantic Rationalist*, 1989, p. 124.

者能成为实用主义者，后者却是唯我的、浪漫的。

马克思主义作为关于自然、人类社会和思维的运动和发展的一般规律的学说，与萨特等人的存在主义并不那么遥远，以梅洛·庞蒂（Maurece Merleau-Ponty，1908—1961）和萨特为代表的所谓的“存在主义马克思主义”（existential Marxism）就是力证。萨特晚年上街派发毛泽东思想的传单，默多克本人曾加入共产党。但马克思主义无论是在萨特还是在默多克看来，都太强调“决定论”。

2. **“我们”（We）之感**

萨特提出的“意识”第三种模式“为他的存在”，客观上已为人与他人共在的“集体”状态提供了理论基础。“自为的存在”总是处于“是其所非”或“非其所是”的变动状态，是虚无的，在“死亡”为其存在画上句号之前，它自己无论如何也不能获得“是其所是”的“本质”。只有当它被另一个“自为的存在”“看”的时候，才作为客体被固化为“是其所是”，在别人的眼中获得它自己的“本质”。“正是他人的自由发现了我们的本质”①。无论这个“本质”是否令我满意，都使原本虚无的我有了扎扎实实的存在根基，并可在此根基上创造它的“意义”、谋划我的未来。

尽管是我们自己为自己创造“意义”、“价值”，但是，如果没有他人作为“自由”的那种存在，就没有他人的“看”；没有他人的“看”，就没有我的“被看”；没有我的“被看”，就没有创造“意义”、“价值”的意义、价值。只需稍加思索就会发现，我们创造“意义”或“价值”的根本动力就是为了“被看”，亦即为了赢得或否定他人强加于我的“本质”。

所谓“人生如戏”，并非丧气的论调，而是事实。现实中的每个人都一人分饰诸多社会角色，每一个角色都有它的特定观众。虽然我所出演的任何一个角色都不能被等同于我这个“自为的存在”，但所有的角色却化合成我在他人眼中的我，从而确定了我在“人的世界”中的真实存在。就像《禁闭》中一个鬼魂离开其他两个、独自走进空旷无尽的长廊一般，我们离开了他人，莫说“意义”、“价值”会丧失其意义、价值，即使洗脸穿衣这样的生活必需，恐怕也不会去做了，很可能变成几小时一动不动在大雨中躺在条凳上的福斯卡。

① Jean－Panl Sartre, *Being and Nothingness*, 2001, p. 371.

“地狱”大门突然打开，原先闹着要离开的鬼魂们谁也不肯走出去了。当艾斯黛尔劝加尔散跟她一起把伊内丝推出去时，加尔散说，他的“意义”就是要说服伊内丝不再说他是“胆小鬼”，并一针见血地指出，“独自一人的话，我们谁也不能拯救他或她自己，我们无法逃脱地联系在一起”①。因为我们惧怕“虚无”，所以“我们不敢承认人的每一个行动都是毫无意义和荒谬的”②。毕竟，在没有信仰、没有爱、没有事业的情况下，人与人的互相折磨也不失为一种“意义”。加尔散所谓的“拯救”乃通过人为创造某种“意义”以逃脱本来的“虚无”状态。出于人类的这一需求，《禁闭》中的“地狱”得以永恒。

然而，为了维护“我”的主体性，萨特坚持认为“为他的存在”不是“自为的存在”的本体性结构，其理由归根结底是我的主体性使我看到“他人”并看到“他人看我”。在“看”中，我与他人的关系既不可能并存为“主体—主体”，也不可能是“客体—客体”，而是不平等的“主体—客体”或“客体—主体”。在他看来，被海德格尔当作本体性共在（ontological co-existence）的“在世的存在”（being-in-the-world），无论如何都不能成为实存的“与在”（being-with）的基础，它不过是体现了一种“不诚实”罢了。因为一个“自我性”（selfness）的强化总是通过否定另一个“自我性”来达到的，所以，从“自为的存在”得不出“为他的存在”；反之亦然，从“为他的存在”得不出“自为的存在”。

而且，我的经验之我（empirical Ego）和他人的经验之我同时出现在世界中，我发现他人的存在与我的存在一样，是偶然性、不可还原的事实，因此，我们之间的关系仅仅是“遭遇”（encounter）对方，而不可能是“建构”（constitute）对方。他人的存在是我无法改变的事实，正如我的存在是他人无法改变的事实，我们彼此“在原则上是无法理解的，当我寻找他时，他逃离我，当我逃离他时，他摆布我”③。更不用说他人无情的“看”还像“一把看不见的钢刀”剥夺了我的主体性，使我这个虚无、变换的“自为的存在”在其“看”中“变得紧实而集中”④，没有征求我的任何意见就擅自将我强行固

① Jean Paul Sartre, “No Exit”, *The Worlds of Existentialism*, 1964, p. 187.

② Iris Murdoch, *Sartre: Romantic Rationalist*, 1989, p. 33.

③ Jean Paul Sartre, *Being and Nothingness*, 2001, p. 408.

④ Jean - Paul Sartre, “The Reprieve”, *The Worlds of Existentialism*, 1964, p. 189.

化成我本不是的“自在”。

无论萨特对“为他的存在”，对“看”的分析多么精辟动人，无论他多么强调他人的“自由”对于我之存在的重要性，最后却看到主要是主体和主体之间的冲突，对他人的敌意油然而生。把“为他的存在”原本已经包含的和谐可能悲观地被否决了，最后认为尊重他人的自由不过是一句空话罢了。他在《禁闭》中表现“死人”的“地狱即他人”，在别人看来却是在表达普遍的“他人即地狱”之感，虽然是有所误解的结果，但并非空穴来风。

在默多克看来，萨特把“我们”（We）这个共存的相属关系从我的本体存在中清除，无疑是武断的：“假设某人坚持，在他的个案中，最深层范畴的现实是他和他的工作的关系，那他是不是就完全意识不到邻人们的关注呢？”① 一个人与他人的联系可以或密或疏，但绝不会完全没有联系。人总是社会人，是生活在与他人的关系中的存在。排除“我们”于本体性存在之外的人，在现实或许有，但也只可能是一种类型而已，一定还有其他类型的。

与萨特偏重个人不同，默多克更重视“看”的关系中的他人，原因在于，我们并不像萨特所描述的人那样孤独、自我依靠，虽然从理论上来说，人在“虚无”中创造，但在现实生活中，我们离不开他人的存在。且不说作为身体的存在，我们离不开他人，即使作为精神或意识的存在，我们也离不开他人，主要表现在：①像《禁闭》中的加尔散需要伊内丝一样，我们需要他人，只有当他人存在，我们才有创造“意义”的基础；②他人是我们认识自身的一种重要途径，如默多克所说，“我们对自己的认识，可能是通过他人之‘凝视’把自己看作固化的、可评判的，而非通过我们自己的反思性‘凝视’视自己为透明”②。我看他人，也看他人对我的看；反之亦然，他人像我需要他们一样需要我。

3. “价值”（Value）之虚

出于对“理性”本身的热衷，萨特把作为“理性”基础的“反思的自我意识”（reflective self-awareness）当作“至高的德性”（supreme virtue），生发出以“自由”为基准的“诚实”或“不诚实”。以此观点为基础，在萨特看来，“恶”——如默多克所说——“不是人类的不幸，或社会境况，甚或可能

---

① Iris Murdoch, *Sartre: Romantic Rationalist*, 1989, pp. 126 – 127.

② Ibid, pp. 90 – 91.

导致它的坏意志，而是我们有限境遇的不可理解性”①，因为它妨害我实现“自由”，处处与我为敌。似乎只要承认、保证我们“是其所非”或“非其所是”的“自由”并可进行自由选择和行动，就是有德性、有道德的。

萨特在《存在与虚无》一书中说，“如果人是其所是，不诚实就永远不可能，坦诚就不再是他的理想，而变成了他的存在”②。然而，人不可能如“自在的存在”那样“是其所是”。换言之，“坦诚”或“诚实”不是人本初的存在状态。因此，当人们“坦诚”/“诚实”——“是其所是”——的时候，她/他恰恰或仍然是其所非。于是，“假如坦诚或诚实是普遍价值标准”，它所证明的重要原则就并不是“人必须是其所是”，反而是“人必须是其所非”，也就是说，“诚实”的本质性结构和“不诚实”其实是一样的——“是其所非”：①“不诚实”显然是因为“是其所非”；②但是，“诚实”这种“是其所是”的状态并非人的原本存在状态——“是其所非”，因此，对人来说，“诚实”就是要“非其所是”，和“是其所非”是一回事；③可见，“诚实”和“不诚实”的企图是一样的，都是想“是其所非”或“非其所是”。

萨特的这番论述意在说明，“不诚实”其实是隐藏在“意识”之存在中的永久性危险，这种危险的起因在于“意识”有一种想要同时成为“是其所是”和“是其所非”或“非其所是”的倾向。作为最根本价值标准的“诚实”，并非来自人的外部，而是由她/他的存在本身的特性所决定。不过，他没有说明人所要“非”、所要“是”的是什么，而是把“是其所非”或“非其所是”这种行为本身当成了价值标准，但实际上，价值标准只存在于“是什么”当中，这就导致了概念范畴上的混淆。

当我们把萨特所说的价值标准放入具体生活中就会发现：①由于谁也无法保证人的本性是善的，更无法保证自由的选择是善的，因而无法证明“自由”是善的；②如果“自由”本身无所谓善恶（事实上，萨特所说的“自由”已经否定了它是“善”或“恶”的，因为它本来就是什么也不是的“虚无”），以它为依据的“价值”就不可能是“善”或“恶”的；③如果这种价值标准竟然和“善”或“恶”无关，它又何以成为我们的价值标准呢？

《禁闭》中的三个鬼魂都因生前有罪而被打入“地狱”：加尔散个人生活放荡、长期折磨逆来顺受的妻子，对外界漠不关心，因在战场上当了逃兵而

---

① Iris Murdoch, *Sartre: Romantic Rationalist*, 1989, pp. 90 – 91.

② Jean – Paul Sartre, *Being and Nothingness*, 2001, p. 58.

被枪毙；女同性恋者伊内丝勾引表嫂，使表兄痛苦并意外葬身于车祸，表嫂打开煤气阀与她同归于尽；独占欲很强的艾斯黛尔贪恋男色，为满足自己的情欲，不仅伤害丈夫、情人，甚至淹死自己与情人生的婴儿，导致情人悲痛自杀。如果鬼魂被判下“地狱”的标准是道德败坏，而判断标准又是萨特式“自由”的话，矛盾就出现了：①他们生前各种行为不正是自由选择的结果吗？②既然保证了自由就是道德的，那他们何以会下地狱呢？

显而易见，在“我”和“他人”以及“自在”所构成的现实世界中，萨特这种以个人“自由”为基础的价值观只能是“空洞抽象的：他只告诉人们无限制地去创造，而没有哪怕是提示我们如何去创造？或有可能创造什么？”[①]。默多克批判萨特无疑是在把道德问题简单化，他赖以为依据的“自由”，不过是“个人意志”的体现，而“个人意志”的核心是靠不住的“自我”——《禁闭》中三个鬼魂的罪孽显然和他们强盛的“自我”有关。无论萨特主观上是否意识到、是否承认自己的学说具有唯我主义倾向，但客观上都难辞其咎。

4. **“责任”（Responsibility）之大**

萨特所倡导的“责任”，看起来充满积极的煽动性，却也遭遇同样的困难。他以“存在先于本质”为依据，认为一个人在选择自身的同时，实际上也就选择了他人、选择了世界，因此，她/他的“责任”是完全的责任，不仅对其自身负责，也要对全人类、全世界负责。

“一旦被抛入世界，他为他所做的一切负责”[②]：

（1）“人为他的激情（passion）负责”，因为“存在主义者不相信激情的力量”，即“他从不认为扫荡一切的激情是导致人去具体行动的劫掠般的致命洪流，因此也不成为一个借口”[③]。

（2）“我对自己和每个人都负有责任”，因为“我通过自己的选择创造了一个具体的人的形象”，就是说，“在选择自我过程中，我选择了人”，[④] 于是，“选择自身的同时选择了全人类”并“无可逃避地陷入其完全而深入的责

① 万俊人．于无深处——重读萨特．成都：四川人民出版社，1996. 130

② Jean-Paul Sartre, *Existentialism and Human Emotions*, NY: Philosophical Library, 1957c, p. 23.

③ Ibid.

④ Ibid, p. 18.

任之中”①。

（3）“我被抛弃在世界中，并不是说我可能像一个水面上显眼的漂流物那样在敌意的世界里保持被抛弃和消极状态，而是说我突然发现自己的形单影只和无助，介入世界，我为它承担须臾不能摆脱的责任”②。

（4）“人注定是自由的”，所以他“把全世界的重量扛在他的肩上；作为一种存在方式，他为世界和他自己负责”③；“而且这种绝对的责任不是顺从，它仅仅是来自我们自由的结果的逻辑要求”④。

这些气势磅礴、敢于担当的言辞的确具有振奋人心的积极作用，但细想之下，难脱诗人般的浪漫，它勾勒出的是一个“顶天立地”但“孤苦伶仃”的“我”。他批判胡塞尔高高踞于世界之上的“先验之我”是唯我主义，而他这个要为全世界负责的“我”不也俨然上帝般俯瞰一切存在吗？在那个敬仰上帝的时代赞美“万物之灵长”，哈姆雷特不仅热情，而且勇敢，但莎士比亚毕竟是诗人，不是哲学家。

默多克没有否定“责任”说，人不仅必须为其自身负责，也要为其所作所为波及的一切人和事负责。但是，她提出一些质疑：①我们不应当对所处的“境遇”负责。我们的“自由”是“境遇”中的自由，我们只能在“境遇”中自由地选择，却无法选择“境遇”，正如我们无法选择“出生”、无法选择“自由”一样，我们对并非由我们决定的“境遇”没有责任。②“说我们对那些我们应用于自然界的范畴负有‘责任’似乎古怪，因为这些范畴是如此牢固的遗产，变化如此缓慢；尽管它们的确变化，例如在科学的影响下”，即便要对这种变化负责，“‘责任’似乎应当是集体的而非个人的”⑤；③除了揭示出“被贴上‘不诚实’标签的社会偏见”，萨特对“集体观念”没有卓有成效的见解。

默多克指出，虽然萨特的哲学已经暗含了实用性——“我们的存在就是我们的作为，我们的世界就是任务的世界”⑥，但萨特只相信自我谋划、自我创造、自我依靠、自我负责，最终导致他不仅把本来息息相关的他人拒之千

① Jean－Paul Sartre，*Existentialism and Human Emotions*，NY：Philosophical Library，1957c，p. 18.

② Ibid，p. 57.

③ Ibid，p. 52.

④ Ibid，p. 53.

⑤ Iris Murdoch，*Sartre：Romantic Rationalist*，1989，p. 128.

⑥ Ibid，1989，p. 135.

里，把我们赖以生存的世界视为实现“自由”的障碍。而且，他只简单地强调“自由”对过去说“不”的勇气，却忽视了对凭什么说“不”的研究。因此，他的人生存在缺乏目的性活动的连贯模式，也没有明晰的社会环境的连贯模式，变成随意而为的破碎片断、时刻。

就像默多克所说，萨特对历史的因果关系或人类的善没有清晰的概念，“人”在他那里“最终变成纯粹理性和纯粹激情的混合”①，其“自由”是漠然的、随意的。这种自由不仅与萨特本人所提倡的“介入”、“责任”冲突，也和他所阐释的“自由”不一致，它既没有前者所煽动的关注生活（他人、世界）的热情，也缺乏后者所信奉的目标趋近性（目标明确的自我谋划）。

萨特批判胡塞尔的唯我主义倾向，可他最终也使自己的理论，特别是有关道德伦理的思想落入这一窠臼，又遭到默多克这位后来者的批判。

① Iris Murdoch, *Sartre: Romantic Rationalist*, 1989, p. 69.

第三章 自由：自我的挣脱

默多克从一开始就对萨特的学说持一定的批判态度，但这既不意味着两人在理论根基上有质的分歧，也没有导致他们各自理论主张之间的泾渭分明。事实上，默多克对萨特的批判不是全盘否定，而是清洗其唯我主义倾向的“去芜存菁”。她同样坚信人是生而自由的，人的生活是她/他本人的选择，而她/他所负的责任也不仅仅是对自己的责任，还包括对他人、对社会的责任，即她再三强调的道德责任。“自由”在她的哲学思想中具有不可或缺的重要地位，自始至终贯穿其中，并与“道德”融为一体，指向她毕生孜孜以求的“善”。

1957 年，默多克在“形而上学与伦理学”一文中说，“作为哲学家和道德性存在的我们”，关心着同样的问题，首当其冲的是“什么是自由？人是自由的能否得以体现？”然后才是“道德与社会现实的关系是什么？”等问题。①

1959 年，在发表于《芝加哥评论》上的论文“崇高与善”中，默多克通过考察她所谓的“袖珍文学史”，把从古到今在文学作品中的“自由”概括为五种：

（1）“悲剧性自由”（Tragic freedom）：体现在古希腊悲剧中，是“想象力”的一种实践，反映了不相类似的存在之间的冲突，与“爱”相关。

（2）“中世纪自由”（Medieval freedom）：体现在宗教故事、寓言、道德剧中，个体是处于等级化的神学现实中的造物。

（3）“康德式自由”（Kantian freedom）：体现在启蒙运动时期的理性主义故事、寓言和理念小说中，个体被视为“非历史的、理性的存在”，并朝着与其他理性的存在达成完全一致的方向前进。

---

① Iris Murdoch, “Metaphysics and Ethics”, *Existentialists and Mystics*, 1997, p. 75.

（4）“黑格尔式自由”（Hegelian freedom）：体现在巴尔扎克、乔治·艾略特、狄更斯等19世纪的真实小说中，个体被看成是一个社会历史整体中的一部分，其价值来自于他在社会中扮演的角色。

（5）“浪漫的自由”（Romantic freedom）：主要属于19世纪至20世纪，但它的根源更早，体现在表现现代人各种精神问题、甚至是病态心理的“神经质”的现代小说中。个体是孤独的，其价值来自于他自身，也只存在于他自身。

“黑格尔式”和“浪漫的”自由都是从“康德式自由”发展来的，前者把康德的“目的王国”（Kingdom of Ends）变成“历史性的社会”，后者则从康德的其他理性存在的非历史性的虚空中，得出“人是孤独的”这一结论，成为存在主义理论渊源之一。

默多克指出，这两种小说都存在着问题：19世纪小说屈从于“习俗”，而现代小说屈从于“神经质”；前者是不思变革的墨守成规，后者是个人意志的恣意泛滥，无论哪一种，都妨碍人们真切地看到“个体”的存在，都不是真正的“自由”。但相比之下，前者比后者还好些，因为“习俗”是“较为不致命的”①。由此可窥见，默多克对于“个人意志”是多么的深恶痛绝，这也是她从一开始就对以萨特为代表的存在主义进行无情批判的焦点所在。

1976年，57岁的默多克不仅在文坛上获得很高声誉，在哲学方面也形成了更为明朗的思想立场。她在接受采访时说，“我认为我的哲学已经改变，我的道德看法，在某种程度上，已经改变”②。

此时的她，在俨如一个存在主义者称“生活极其荒诞”的同时，明确表示自己“显然”是一个自由主义者（a liberal），她不仅愿意接受这个“标签”，更进一步指出“这是在进行一种价值判断”。因为在她看来，“自由主义思想是没有被曲解的思想”，是一种“自由地、明智地看世界的方式”，自由主义（liberalism）就是“关于个体差异的哲学”——“我认为，人们之所以试图展示真理，原因之一就是，他是在展示人们互相之间是多么的不同”③。

在《形而上学与伦理学》中论及“自由”时，默多克指出，“我们的自

---

① Iris Murdoch, “The Sublime and the Good”, *Existentialists and Mystics*, 1997, p. 217.

② Iris Murdoch, *Iris Murdoch in Conversation with Malcolm Bradbury*, London: The British Council, 1976.

③ Ibid.

由不只是进行不同选择、做出不同行动的自由，也是在思考和相信方面有所不同的自由，用不同的方式看世界，看到不同的结构，并用不同的词语描述它们"①。

承认人是自由的，就是承认人与人之间存在着差异；尊重人的自由，就是尊重人与人之间固有的差异性。一个人与另一个人的差异，实质是一个"意识"与另一个"意识"的差异，而意识的差异必然导致看待、处理事物的差异。试图用一个人或某些人所概括总结出的"普遍性"来拒斥、抹杀随时可能出现的"特殊性"，或者用一家言、一种理论、一种世界观、一种生活模式来压服众人、统摄世界，不过是痴心妄想的执迷不悟，恰恰反映出其自身的狭隘、局限、非真理性。

有趣的是，人类似乎身处充满悖论的世界。上文在否定权威的同时，已有充当一统天下之真理的嫌疑。毕竟，"人们已经习惯于这么一种思想，即人手里应有、也应该掌握这对于大地，对于一切可能有的存在物的全部的、完整的统治权"；且通常"每个人都会觉得他的真理是真正的真理，他的钥匙是真正的钥匙"②。

无怪乎佛曰"不可说"。然而，人们总是在说，且想说、要说。"一个自愿放弃'钥匙的统治权'、一个如此克己的哲学家，一定会以所受到的普遍轻蔑而谴责自己"③！

第一节　理论性/哲学性"自由"

"自由"是人类近现代史上出现频率相当高的一个词语，但大众往往没有足够深入地思考过什么是"自由"，或者他们想要的"自由"究竟是什么样的自由，而思想家们提供的答案则五花八门、不尽相同。哲学辞典对"自由"的解释说明了"自由"的两面性及复杂性：

"它有两个相关联的方面：一是消极的自由或'解脱'，即没有外部的约束、强制或强迫而行动的力量；另一个是积极的自由或'自主'，即主体在各种选择方案中选择他自己的目标和行为方式的力量。在上述的一般规定下，

① Iris Murdoch，Metaphysics and Ethics，*Existentialists and Mystics*，1997，pp. 72 – 73.

② ［俄］舍斯托夫．钥匙的统治．张冰译．上海：上海人民出版社，2004. 36

③ ［俄］舍斯托夫．钥匙的统治．张冰译．上海：上海人民出版社，2004. 36

自由具有各种形式，诸如言论自由，思想自由，出版自由，结社自由和各种经济自由，它们在历史上是最重要的自由形式。”①

不过，其中所谓的种种自由形式，与本书所针对的以“意识”为出发点的哲学上的“自由”相比，都是以人类社会结构为土壤的非先验性自由，其实质基本上是对“权利”的诉求，严格地说，不属于萨特或默多克所关注的哲学范畴。从某种意义上看，后者似乎更像是哲学辞典所说的、存在着悖论的“自由意志”（free will）或“意志自由”（freedom of the will）。

“如果决定论是对的，那人的行动就是由不受人控制的事件决定的，因此人没有自由意志。如果决定论是错的，那人的行动就不是被决定的，而只能归结为偶然性，而偶然性也不是由人控制的，因此，人也没有自由意志。”②

哲学家们各执一词，既有“设法调和决定论和自由意志的可兼容论者”，又有“否认调和的可能性的不可兼容论者”。其中，“有些不可兼容论者否定决定论，而其他人则声称自由意志是幻想”③。

默多克在发表于 1970 年的《存在主义者与神秘主义者》中谈到她本人“自由”观的转变时说，“我年轻的时候认为自由是物（thing）——所有年轻的人们都是这么想的”，但现在认识到，它其实只是一个“概念”④。这就是说，“自由”是思想的产物，换言之，其根基是“意识”。于是，“自由”就具备了“意识”所固有的种种特征，因而也像“意识”一样无法“是其所是”。

1. “自由”的闪现

从理论上看，“自由”无论是作为概念，还是作为一种与“意识”共在的能力，其先决条件或出发点都是“意识”。

（1）“自由”与“意识”的虚无性有关。“意识”在指向对象的同时，也意识到它和所有对象之间不可跨越的距离：它不能“吞噬”而仅仅是“指向”对象。这使它永远无法改变自身无“内容”的虚无性，但也因此使它得以摆脱任何“内容”的束缚，被“抛入”（thrown）完全的“自由”之中。

① ［英］尼古拉斯·布宁，余纪元．西方哲学英汉对照辞典．王柯平等译．北京：人民出版社，2001. 395

② 同上，第 394 页。

③ 同上，第 396 页。

④ Iris Murdoch，“Existentialists and Mystics”，*Existentialists and Mystics*，1997，p. 234.

与之相对的“是其所是”的物的存在，则始终受其“所是”的限定而与“自由”无缘。

（2）“自由”与“意识”的辩证性有关。“意识”具有瞬息闪动的活跃性，并在三种意识模式之间移动，但也有停留在原处的“胶着性”——“惰性”，后者虽然不能改变“意识”的“是其所非”或“非其所是”，却使它变得黏滞、拖沓，削弱、阻碍了它的活跃性。“自由”正是打破这种惰性胶着的能力，此能力体现了“意识”的活动性。从某种意义上说，“自由”就是“意识”不懈思变的“活跃性”。

（3）“自由”与“意识”的反思模式有关。“意识”在反思阶段的活动极为复杂，在对非反思阶段所收集的数据资料进行加工处理时，并不仅仅表现为“关于‘关于对象的意识’的意识”，也可以是关于“关于‘关于对象的意识’的意识”的意识，并能够如此这般无限延伸下去。这种能量巨大的“自反性”（reflexivity）体现为能够不断进步、强化的“理性”。“理性”作为“纯化反思”的力量，可以清除创造“虚假对象”的、“不诚实”的“默许的反思”，从而进行真正的自由选择，即作为“自为的存在”所进行的“诚实”的选择。这种具有自反与谋划特性的“理性”是真正自觉的“自由”。

“自由”不是附着在人的存在之上、而是植根于存在最深处——与“意识”共存亡，如果我们可以说“人是有意识的存在，人就是意识”，那我们也能够说“人是自由的存在，人就是自由”！

默多克和萨特在这个理论出发点上是一致的，分歧就在于两人对一些局部细则看法不同，集中体现在“理性”问题上。默多克认为，萨特既不应该把包含“想象力”（imagination）[①] 的“冥想”（contemplation）排除在“理性”之外，也不应该否认“理性”是“知识”的形式，更不应该把“冥想”与“行动”孤立开来。

（1）在萨特看来，“想象力”体现了“意识”的根本特性——既是一种“解放”（liberation）也是一种“奴役”（enslavement）。一方面，“想象力”作为“意识”挣脱、超越现状之辖限的主动性企图，是能思之人类所具有的能力，把“自为的存在”与“自在的存在”区分开来；但另一方面，“想象力”又常常是一厢情愿、自我催眠的空想、幻想，具有“自惑”（self－en-

① 此处将 imagination 译为“想象力”而不是“想象”，是为了把它和后面与“幻想”相对的“想象”区分开。——著者注

chantment）倾向，反映了“意识”的“惰性”，其实质是“自欺”。由于萨特极其看重“理性”本身，为保持其纯粹性、避免在其中掺入不诚实的自欺成分，便把“想象力”驱逐出“理性”，认为后者不应当是“冥想的”（contemplative）。

默多克则把“想象力”区分为“想象”（imagination）和“幻想”（fantasy）。以现实为基础的“想象”是对“想象力”的好的使用，脱离现实的“幻想”是对“想象力”的坏的使用；“想象”乃“自由”的体现，实际上，它就是“自由”，“幻想”却是“自由”的敌人。此处作为参照系所引入的“现实”，成为默多克式“自由”和萨特式“自由”的分水岭。（关于默多克对“现实”一词的理解，参见本书第四章第一节）当萨特热情洋溢地赞颂“自由”时，其“自由”概念模糊而笼统，默多克则立足“现实”将它细辨为“真”、“伪”两种，而默多克式“自由”是她所说的“真自由”（详见本章第二节）。

（2）萨特反对把“理性”视为“知识”的形式。在默多克看来，是因为他的“意识”学说缘起于“对唯心主义把理性和知识加以神化的不信任”，所以才认为“纯化反思（La réflexion purifiante）不是知识的一种形式，而是心灵连续不断的运动——它一旦停滞就变得不诚实”。[1] 萨特在《存在与虚无》中指出，“意识”作为一种能力，是“在知的存在”（the knowing being）而非“被知的存在”（being known），“这意味着，如果我们希望构建知识，就必须避免把知识看作是第一位的”。[2] 换句话说，“知识”是“意识”在进行“知”（to know）的活动后才得到的结果，它不可能先于“意识”的存在而存在，它不是和“意识”平起平坐的“对象”，而只能屈从于“意识”之后，是第二位而非第一位的。萨特担心将“理性”视为“知识”的形式会破坏“意识”的运动性。然而，这种忧虑恰恰显露出他对“知识”的误解——在某种程度上把“知识”视为“是其所是”。

事实上，“知识”是“意识”指向“对象”的结果，和“意识”一样，是“是其所非”或“非其所是”，而非“是其所是”的固化的“物”。它的实质是“关于对象的意识”，而不是“对象”。因此，“知识”没有先验的内容，其“内容”乃因人（“意识”）而异，并且随着人（“意识”）对世界的认识

① Iris Murdoch, *Sartre: Romantic Rationalist*, 1989, p. 134.

② Jean-Paul Sartre, *Being and Nothingness*, 2001, p. xxvii.

的变化而变化，发展而发展，丰富而丰富。在默多克看来，萨特所担忧的问题根本不存在，因为作为“反思意识”的“理性”和作为“关于对象的意识”的“知识”，不仅没有性质差别，反而密不可分。

在“知识”问题上的认识分歧，使默多克与萨特在对待“他人”的时候态度截然不同。萨特认为他人归根结底妨碍我的自由、我和他人互相对立；但默多克却认为他人是我需要“知”的对象，是构成我的“知识”的重要部分，而“知识”则恰恰有助于“自由”的实现（默多克对“知识”的看法，在本书第四章第二节另有论述）。

(3) 包含“想象力”的“冥想”既是对现实的认识，也是对目标的想象——谋划，使“自为的存在”的各种“行动”被其谋划统一为具有连贯性的相对的整体。萨特虽认为“理性”导致真正的自由选择，但他不认为“理性”是“冥想的”，因而把包含长远谋划的“冥想”和具体实现谋划的“行动”相互割裂，使后者成为非反思行为与反思行动支离破碎的交错闪现，客观上并没有显示出“自为的存在”所特有的趋向目标的自觉性。而“自由”则变成生活的随意性，不仅无法实践他所提倡的积极“介入”和完全的“责任”，甚至变成一种脱离尘世的漠然的“自由”，而人生则成了破碎的行动时刻的胡乱叠加。

在默多克看来，“理性”、“知识”和“想象”都是来自“意识”之“自反性”的“自由”的体现，是人类固有的认识、思辨、追求“对象”的能力。所谓“对象”，不仅包括我自身，更是默多克所反复强调的现实、他人及善，正是“自由”使这一切成为可能。

2. “自由”的实践

正如“意识”借助对象来显现其自身存在，从“意识”中迸发出的“自由”，只能在各种思维活动以及这些思维活动所促成的各种选择和行动中得以体现，不参与实践的“自由”，如同不指向对象的“意识”是虚无的，事实上在生活中也是不存在的。因为：

(1)“自由”与“意识”共存亡，它和“意识”一样，不是能够以其自身显示其存在的“物”，因而不能像“物”一样给予或者剥夺。当囚徒呼喊“还我自由”时，并不是表明其自由被“夺走”了，她/他所要求的实际上是被夺走的“权利”；她/他之所以能够提出“归还”被夺走的“权利”（或她/他所说的“自由”）这种要求，恰是她/他与生俱来的“自由”。他人固然能够剥夺或给予一个人某种权利，却无法剥夺或给予一个人“自由”，在被囚禁的处境中，不是别人、而是她/他自己提出了“还我自由”的要求。这个要求的提出，本身已经显示了她/他的自由。

当一个家庭主妇抱怨“不自由”时，真正的含义是：她认为自己做了不喜欢的、或不该自己做的事。但事实是，是她自己选择去做家庭主妇，也是她自己认为她做了不喜欢的、或不该她做的事，是她自己决定抱怨；即使最初她是被迫而为，但选择屈从压力的人，还是她自己。她始终是自由的，自由并没有离她而去。

（2）“自由”是一种思考、选择、行动的能力，但绝不是能够搁置一旁、悬置不用的能力。正如没有不指向对象的“意识”，“自由”总是实践的“自由”，它不是像各种天赋那样虽拥有却可以不发挥或虽不发挥却仍然拥有的能力，而只能在实践中体现其自身的存在和作用。即便试图否定“自由”或将它悬置不用，这种否定或悬置的愿望本身正是“自由”的活动，恰恰体现了它的不可否定、不可悬置。我们之所以能够作出要否定它、悬置它的决定，就在于我们是自由的！

在其实践过程中，“自由”发现了先验“意义”、“本质”的不存在，也就发现了包含“自在”和“自为”两种存在的现实“不是一个所予的整体”（a given whole）[1]，而是偶然性的——每一个存在都是“偶然性地存在”[2]。默多克认为，可以等同为“自由”的“想象”，正是对“偶然性”（同时也意味着“可能性”）的肯定；与之相对的“幻想”则试图把“现实”看作“整体”，实质是要寻求“慰藉”（consolation）（参见本书第一章关于世界的偶然性的论述）。

亚里士多德在《形而上学》中说，“引起偶然性的原因是不确定的，因此，偶然性是人类理性所不知的”[3]。当人类觉察到自己所拥有的“理性”无法把握、控制无边的“偶然性”，就幻想世界是按照其表象背后所隐藏的本质、规律运作着，试图通过“理性”发现、掌握本质、规律，以此把握、控制世界。然而，“整体”的概念从根本上破坏了人的“个体性”、“自由”及“价值标准”三者之间的完整性联系。在坚决抵抗“整体”概念上，默多克

① Iris Murdoch, “Against Dryness”, *Existentialists and Mystics*, 1997, p. 294.

② Iris Murdoch, “On ‘God’ and ‘Good’”, *Existentialists and Mystics*, 1997, p. 351.

③ 转引自舍斯托夫的“代序”，《钥匙的统治》，第4页。

与萨特是相当接近的，而且，“像萨特一样，默多克热心于防止一个社会整体中的个体的丧失”，以避免社会对个人的道德特性和自由具有“决定性”（determinative）。[①]

如舍斯托夫所言，“人类生活是如此之复杂，以致它根本就不可能被纳入我们所构想的任何理念中来”[②]。在默多克看来，萨特之所以是浪漫的理性主义者，在于他承认“偶然性”，却仍然迷信“理性”的力量，把世界、人生的问题过于简单化，以至于无法真正解决这些问题。他所强调的“理性”，既不是康德式的，也不是黑格尔式的，而是个体的“理性”。他以为通过个体理性的“介入”、“责任”、“诚实”等途径，以及从虚无中创造“意义”、“本质”的西西弗斯式努力，就能够将混乱、驳杂、破碎的世界重构为属于我个人的四平八稳的“整体”。显然，这个“整体”的核心就是被奉为圭臬的“个人意志”，而“个人意志”的核心则是“自我意识”。但是，“自我意识”不过是“关于自我的意识”，所谓的“自我”，实质是“关于我自己的意识”，都是无根基、非实在、始终变化的虚无，根本不具备成为“核心”或“基础”所需要的相对稳定性。这个粗疏导致萨特的“自由”受唯我主义所累，成为默多克所批判、抵制、改造的“浪漫”——以“个人意志”的实现为目的的不切实际的空幻自由。

在实践“自由”的过程中，人们很快就会发现，所有“意义”、“本质”的基础都是她/他自身。但她/他自身的基础却是“虚无”，这种找不到根基的感觉直接导致了关于其存在的“焦虑（angst/anxiety）”。

从根本的哲学层面上看，“焦虑”反应了“无”对“有”的渴望和对自身的绝望：缺失感带来空虚感，但只有当我们事先怀着在世界、人生中可以找到既在的“意义”、“本质”、“价值”的企图、希望，才会发现它们实际的缺失，才会产生缺失感。就像萨特所举的例子：我以为钱包里有 1 500 法郎，但当我数完里面所有的钱，发现只有 1 300 法郎，于是，我得出了“没有 1 500法郎”的结论，即 1 500 法郎的“虚无”。可见，“焦虑”的产生根源是个体的愿望。在萨特看来，这种“虚无”对“有”的渴望所导致的“焦虑”是人的存在特征，既不可能被掩盖，也不可能被消除。如果我们可以说“人

① Maria Antonaccio, *Picturing the Human: the Moral Thought of Iris Murdoch*, Oxford University Press, 2000, p. 112.

② ［俄］舍斯托夫. 钥匙的统治. 张冰译. 上海：上海人民出版社，2004. 51

就是意识”，就可以说“人就是虚无”，也就可以说“人就是焦虑”。没有感到“焦虑”或逃避“焦虑”，在萨特看来，都是“自欺”的表现或结果。

从现实生活的层面上说，“焦虑”的产生往往与“自我谋划”相关：①人是始终进行“自我谋划”并向这一目标不断趋近的“自为的存在”，当认识到她/他被注定是自由的，就认识到其谋划总是她/他自己的谋划；于是②她/他立即面临“是否谋划”、“如何谋划”、“谋划什么”、“实现与否”等问题，而解决问题的，只能是她/他自己。这种无依无靠感，亦即哲学上说的无根基感，是“焦虑”的根源；③除了上述疑惑，在趋向“自我谋划”的过程中，所有的责任、后果都只能由趋向它的她/他自己来承担，而责任、后果是未知的，面对不可知的未来，承担者仍然是、且仅是她/他自己，“焦虑”无法消除；④即使旧问题解决了，新的问题仍在不断产生。事实上，人的一生就是不断遭遇问题、解决问题的一生，在这个意义上，我们有理由认为，问题解决得好，就是成功的人生；反之则是失败的人生。

无论是从哲学还是从现实生活的角度来看，“焦虑”的产生与不可消除，就在于人与生俱来的先验性“自由”。

值得注意的是，默多克认为“焦虑”和那些“困扰”、“嫉妒”、“愤恨”、“恐惧”、“偏见”、“无知”、“贪婪”、“神经质”等不良心智状态一样，都是因为“我们制造了个人的小世界、把我们封闭其中”①才造成的，其产生根源是以自我为中心的“个人意志”。因此，默多克认为现代人的极端“焦虑”是一种“病”或“瘾”，其根源在于人们以为“个性”完全存在于所谓“有意识的、无所不能的意志中”②。

我们在世的“自由”实践，只能在我们所获得的、有关现实的“视景”(vision)基础上进行（本书所论及的“vision”一律译为“视景”，以便既突出“看”的主体性特征，又强调所看到的景象。关于默多克的“视景”，详见本章第二节“‘视景’的澄清”部分）。上文提到的那些不良心智状态的产生原因是一样的：囿于狭隘、虚幻的“自我”小天地，如同一叶障目，使人无法对现实形成清晰准确的“视景”，从而难以恰当地（properly）实践“自由”。

默多克对“焦虑”的看法，似乎显示出她对存在主义所说的“焦虑”多

---

① Iris Murdoch, “Literature and Philosophy”, *Existentialists and Mystics*, 1997, p. 14.

② Iris Murdoch, “The Idea of Perfection”, *Existentialists and Mystics*, 1997, pp. 330 - 331.

少有些误解。本书第一章在辨析存在主义的“焦虑”时，借保罗·蒂利希的话指出，存在主义者所说的“焦虑”并非心理学上作为一种病态的“焦虑”。当默多克把“焦虑”与各种病态心理相提并论时，她所认为的“焦虑”已属心理学而非哲学范畴。前文论述已经说明，与“意识”、“自由”相随的“焦虑”是不可能根除的——既然我们无法消除“意识”、“自由”，便只能相对缓解。本书后面渐次论及的默多克之“视景”、“去自我”、“善”等概念，或可视为她所提供的医治“焦虑”的方案，仍然只是缓解，而非根除，其原因本书在第一章对“焦虑”的阐述中已作解释。

默多克之所以对“焦虑”有此“成见”，主要在于其哲学将“自由”与“道德”合二为一变成“道德性自由”，而实践这种自由最关键、最根本的一点就是要“去自我”（详见本章第二节“‘自我’的清除”）。对“自我”的深恶痛绝，似乎使她对与“我”有关的一切精神感受都难以容忍了。对于心理疾病意义上的“焦虑”，默多克的看法确实有较强说服力，但对于哲学意义上的“焦虑”，她所提倡的“去自我”不失为缓解“焦虑”的手段，却绝不具有根除“焦虑”的魔法。且不说“焦虑”是“自由”的衍生，单是“自我”，又有哪一个人能够真的去除呢？“自我”既无法完全去除，“焦虑”又怎么根除？

3.“自由”的追求

默多克根据“意识”的三种模式，在三层意义上分析了与“意识”相生相随的“自由”。

（1）从根本的、纯粹的“意识”层面来看，“自由”是人类“意识”最纯正的（par excellence）特性。“意识”本身具有“闪动”并向反思阶段移动的倾向，打破“惰性”的能力——即“自由”，来自“意识”本身，是“意识”与生俱来的特性。

（2）就“意识”的反思模式而言，“自由”具有“破”与“立”两种力量：一方面，“反思”既可以是对现存一切的否定和反叛，也可以是对它的肯定和服从；另一方面，“反思”既可以建构或解构所有的“意义”、“价值”，也可以从根本上对这些建构或解构本身进行肯定或否定。

（3）在“为他的存在”意义上，“自由”体现为对理想社会状态的渴望。当一个“自由”遭遇另一个“自由”，互相在对方那里发现了自身的存在，认识到承认、尊重其他“自由”的必要性和现实性，并把这个事实作为它谋划自我和世界的准绳，在反对“整体”、维护个体差异性的同时与其他“自为的存在”达到和谐共处状态（参见本书第二章“为他的存在”部分）。

第三个意义上的“自由”反映了人类作为“自为的存在”所具有的为其目标而努力，即追求理想、信念的天性。不过，具体到“我们所追求的理想究竟如何”、“我们如何追求”等问题，默多克和萨特产生了分歧。

萨特认为，作为“自为的存在”，人既想为自身“是其所非”或“非其所是”的“虚无”寻找“是其所是”的“有”，又害怕被“是其所是”的“自在的存在”吸纳（absorb），因此，她/他追求一种“自在—自为”（in - itself - for - itself）的理想存在，然而这个理想存在却是永远不可企及的。一方面是因为这种理想存在包含着与“自为”相敌对的“自在”，所以，为了维护我的“自为的”存在，我会尽全力抵制它；另一方面，“自在”始终先于“自为”而在，实际上这个理想的存在状态由于被“自在”拖累，而变得“黏滞”（slimy），可是“自由”又恰恰是要突破“意识”的“黏滞”或“胶着”，种种矛盾使这一理想存在根本不可能存在。于是乎，尽管萨特构想了人与人和谐相处的理想社会，自己却又否定了它的实现可能。

萨特尝试建立存在主义伦理学的失败，是因为其理论存在着根本性问题。在默多克看来，萨特的“自为—自在”，是在构想一种能够将人们的“意志”统一起来的“调和目的的王国（a kingdom of harmonizing ends）”①，和康德所构想的“目的王国”犯了同样的经验主义错误：以为人类的“目的（ends）”最终会和谐化。实现这种理想的力量，在康德那里，是他所理解的“理性”，在萨特这里，则是“个人意志”中的“好意志（good will）”。

其症结在于：①萨特既无法保证“好的意志”一定能战胜“坏的意志”，也无法确定、证明“好的意志”是否应该或为何应该战胜“坏的意志”；②“个人意志”无论好坏都体现了我们的“自由”，而“自由”又被萨特当作“诚实”或“不诚实”的价值依据。以此推论出的结果是，他的“价值”既可以是“好的”，也可以是“坏的”。那么，以这样一个分不清好坏的“价值”来作为价值的基础，其价值也就被它自身的这种善恶不分否定掉，一如自掘坟墓般丧失其作为价值标准的合理性、可能性。

《于无深处》第76页写道：“令人惊讶的是，步入暮年的萨特似乎忘记了他对他人和人际关系所说的这一切，反（倒）大谈特谈所谓‘博爱’和‘人

---

① Iris Murdoch, *Sartre: Romantic Rationalist*, 1989, p. 101.

道主义’。……他以一种悔恨的语气谈到，他早年的哲学和伦理学探究‘是在一种没有相互关系或者没有别人的意识中寻找道德……’”。萨特大谈“博爱”和“人道主义”之所以会让人感到惊讶，一方面固然体现了他对自己过度看重“自我”的已有理论的纠正和更新；另一方面也说明，他对“个人意志”的强调的确造成一种人与人难以和谐共处的客观印象。尽管他尝试建立伦理学说，但并无丰硕成果，即使是已有的观点，也遭到各种质疑和批判。主要在于他对“个人意志”的推崇，而这一理论倾向又主要来自其“意识”论对“理性”本身的过度迷恋。

默多克自始至终反对把“个人意志”的实现与“自由”的实现混为一谈。虽然“个人意志”也包括好的“理性”成分，但它所效忠的是“自我”，不可避免地混杂着发自内心的自私欲望，而人类的天性在默多克看来实际上是自私的。倘若“自由”是实现可能“好”也可能“坏”的“个人意志”，却同时又被视为人类理应追求的美好目标，那么，道德伦理将从理论上彻底地无家可归了。

默多克指出，这不仅仅是萨特或存在主义的理论局限，也是人们长期以来对“自由”的误解，因此才会产生道德哲学上一个非常古老的问题——“人类自由如何与善的权威兼容?”① 她认为，两者是否兼容根本构不成问题，因为“自由”总是与道德相关的，亦即“自由”乃“道德性自由”（详见本章第三节）。“自由”的一举一动、一招一式都无一例外地揭示着主体的道德观。要想建立站得住脚的道德伦理思想，就必须对“个人意志”进行提纯，而默多克所进行的正是这样的工作。

第二节　现实性“自由”

萨特的“自由”学说能够在“二战”前后——特别是在战后——引起广泛的共鸣和欢呼，有其特定的社会历史原因。一方面，“上帝死了”早已被欧洲人、特别是知识分子熟知并普遍接受，传统宗教信仰慰藉心灵的力量式微；另一方面，资产阶级人道主义理想和资本主义社会的先天缺陷，远在莎士比亚时代便隐约显露。从 19 世纪如巴尔扎克、左拉、狄更斯到 20 世纪如波德莱尔、艾略特、卡夫卡等众多大师，在文学作品中从多重角度展现了痼疾的

① Iris Murdoch, *The Darkness of Practical Reason*, Existentialists and Mystics, 1997, p. 194.

日渐沉重。如今经过两次世界大战的捶打，社会似已岌岌堪危。宗教不现实，政治不可信，人心不足取！就像卡夫卡笔下在漫天风雪的深夜找不到归家之路的乡村医生，人们失落于虚无中……

然而，世界原本没有任何意义，是虚无的；人是生而自由的，并在虚无中创造属于自己的意义！萨特学说不仅教人们接受“虚无”这一事实，还提出自我信赖、自我设计、自我实现。当人们不再向外四处寻求、而是向内自发创造时，便从“我”自身获得“根基”，进而能够“无”中生“有”、以“有”抗“无”。这不啻于在黑夜里点起一盏灯！

萨特学说虽富于激动人心的魅力，却有形而上和粗糙之短，它所提供的多是欠缺现实因素的纯理论构想。当我们试图在以衣食住行为基本内容的具体生活中，依葫芦画瓢加以实践往往让人感到困惑，甚至发觉——和萨特的感慨一样，“物”的世界、“他人”的存在以及我们自身的局限性，都妨碍着我实现自由。

哲学是人类试图认识世界、认识自身的不懈努力，不是供少数擅长抽象思辨的智者闲来把玩的“阳春白雪”。它研究和人有关的一切，并寄予了促进人类及其世界更好地发展的积极愿望。如果一种哲学在人类的实际生活中行不通，说明它本身存在某种缺陷：或者是作为理论依据的事实部分不够真实，或者是作为理论主张的诉求部分不够现实，甚或这两部分都存在问题。萨特哲学在生活中所遭遇的困难，显然来自它本身所固有的理论缺陷。

1. “自由”的误区

在默多克看来，萨特学说的主要缺陷是唯我主义倾向，其“自由”之所以受到大众欢迎，很大程度是因为它迎合了人们对“自由”的一贯误解：以为“自由”就是实现个人意愿或个人意志的“为所欲为”。她在《存在主义者与神秘主义者》中说，“存在主义，或者用一个更为普遍的术语，唯意志论（voluntarism）”，“强调并珍视意志力（will - power）”，它不仅吸引人，而且对我们大多数人来说是很自然的，“因为它提倡个人主义（individualism）、自我依靠（self-reliance）、个人良心（private conscience），以及我们通常看作是政治自由的东西”，并且，“自由”不是被理解为“做正确之事”，而是“做欲做（desire）之事”。①

① Iris Murdoch，“Existentialists and Mystics”，*Existentialists and Mystics*，1997，pp. 223 - 224.

事实上“自由”是一个概念，一个半“真”（true）半“伪”（false）的混合概念（a mixed concept）：①“真”的一半其实就是“德行”（virtue），尤其是与澄清“视景”、控制自私冲动（selfish impulse）相关的德行；②“伪”的一半才是“受到蛊惑的自私意志”所进行的“自我断定活动”（self-assertive movements），即出于无知，误以为自私的意志意味着独立自主[①]。然而，“伪自由”恰恰是更受欢迎的一半，尽管如默多克所说，它只是“源自幻想的自由”[②]。

无论是对“境遇”的认识与超越，还是朝向目标不断自我设计、自我实现的“自为的存在”，都表明萨特理论并没有从根本上否认约束、改造自我的道德完善活动是“自由”本身所固有的一种功能。但是他过于强调个体而忽略甚至无视个体之外的他人与自在世界，因此，其一方面将“自由”简单化为“实现个人意志”，另一方面又没有任何有效措施将“自私欲望”从“个人意志”中清除。于是，作为混合概念的“自由”便一声不响地萎缩成片面的、脱离现实的“伪自由”，因其虚幻而变成“他永远不能确定是否已到达的神秘之地”[③]。

“伪自由”的虚幻性主要在于其理论层面的偏差：

（1）忽视“自在”。承认世界是偶然性的，就应当意识到“自在”的偶然性，或曰不可预知性。然而人总是想预知，于是我们有各种“预言”、“谶语”、“先知”，乃至每个人五花八门的“焦虑”，“对人来说，最无法忍受的是这样一种思想，即他的命运甚或整个世界的命运，竟然会是偶然性的玩物”[④]。斯宾诺莎甚至认为，“理性”的本性就是习惯把事物当作必然而非偶然。但实际上人类理性的认知能力极其有限，永远无法真正把握层出不穷的、无限的“偶然性”，遑论控制、预知（譬如天气预报、陨石撞地球之类的报告，与整个宇宙相比，不过是相对的、极其有限、微不足道的）。虽然我们通过各种“介入”对“自在”产生影响并使之有所改变，但不可能真正超越它。我们不是统治“自在”的“万物之灵长”（说出这么激昂的赞词之后，哈姆雷特就痛苦地“发疯”了），而是生活在其中、受其限制的“自由”。相

① Iris Murdoch, *The Sovereignty of Good*, London: Routledge & Kegan Paul, 1970, pp. 99 – 100.

② Ibid., p. 66.

③ Iris Murdoch, *Sartre: Romantic Rationalist*, 1989, p. 133.

④ ［俄］舍斯托夫．钥匙的统治．张冰译．上海：上海人民出版社，2004. 24

对人类而言，“自在”不仅是无限的，而且，“熵”（Entropy）也向我们揭示出一个严峻的事实：随着人类对它的超越，“自在”会不断“产出”新的内容（譬如燃料的危机，譬如全球变暖的趋势，譬如“非典”、“甲流”的爆发）。

（2）漠视他人。“为他的存在”揭示了：作为精神的人，离开他人，我无从创造自己的“价值”、“意义”；作为物质的人，离开他人，我无力在“自在”世界独自存活；我需要他人，他人需要我（参见本书第二章“为他的存在”部分）。所谓现实的人，就是社会人，其生活的具体内容体现在和他人建立的各种关系上，其“介入”的结果就是承担多种社会角色以及随之而来的各种困难和责任。虽然任何一个社会角色都不是真正的我，但我所担负的全部社会角色却显现了我作为社会人的真实存在、现实存在。为此，我的“自由”必是、也只是在肯定他人与我有同样需求的前提下，能够得以实现的“自由”。

（3）无视“自为”。作为“自为的存在”，我的生活是由我的“所为”统一起来的，其过程就是朝着我的所“为”不断刷新我的“自我”。因此，体现我的“自由”的，不是闪动不定的“自我”，而应当是我所选择的所为。“自我”无论对过去、现在还是将来而言，都是朝向我的所为、“是其所非”或“非其所是”的“意识”的闪动。因此，“欲望”或“意志”所立足的“自我”并非可以立足的实体（entity）。在无视“现实”的意义上，出自“幻想”的“为所欲为”式“自由”就是“自欺”（“自欺”本身虽然也体现了人的“自由”——因为欺骗我的人是我自己，但它所体现出的自由是消极的自由）。

默多克之所以认为“为所欲为”式“自由”是虚假的、不现实的，主要原因在于人类天性自私。现实的人的存在除了“是其所非”或“非其所是”的“意识”，还包括“意识”赖以存在的“是其所是”的“物”——肉体。如果说精神是轻灵的，那我们的肉体却是沉重的。被默多克称作“我们最好的哲学家”[①] 的柏拉图在《理想国》卷十里，把尘世肉体视为惩罚，认为正是它将看不见真相的灵魂从真理之天拖拽到无知之地，感染上各种罪恶。默多克所推崇的现实主义文学大师之一列夫·托尔斯泰在集中体现其思想的《复活》中，也把一个人分为精神和肉体两部分，而后者是自私的罪恶之根。

---

① Iris Murdoch，“Literature and Philosophy”，*Existentialists and Mystics*，1997，p. 7.

作为物质存在的那个“人”，在维持自身生命及其本能所需的最为根本的层面上必定是利己的，圣奥古斯丁（St. Augustine of Hippo，354—430）就见过一个婴儿用贪婪的目光狠狠地瞪着一同吃奶的另一个婴儿。固然不一定能理由充分地把“自私”简单地视同于“恶”，但可以肯定它绝不是“善”，不仅如此，它正是妨碍我们向“善”的障碍。所谓“人之初，性本善”，不过是我们的美好愿望罢了。卢梭抱怨私有制社会文明把天性善良的人变得罪恶，可是，“发明”了私有制社会文明的，难道不正是“天性善良”的人类本身么？

一个人就是一个“自由”，就意味着在面对善恶选择的时候，她/他可以选择善，也可以选择恶。不难设想，以自私欲望为核心的一个“自由”，其自由的实践必定以侵害其他人的自由为结果。如果每个人都去实践这种在默多克看来是“伪自由”的自由，不仅无法建立和谐共处的人的世界，甚至会相互争夺、相互残杀，导致人类毁灭。

无论是古希伯来人的戒律，还是现代人的政策、法律，都是从外部制约自私欲望，以保证全体人类持续发展的社会力量。然而，人是自由的，外部力量并不能从根本上解决人与人的冲突。在现实生活中，我们靠“道德”协助解决“法律”无力覆盖的问题，而“道德”依靠的是个体的自觉与自制。归根结底，和谐世界的建构，仍有赖于人类对其自私欲望的克制和征服。

相信“我们是自由的，宇宙的意义由我们而定”的存在主义者，“也承认我们所处的是一个已经部分形成的（partly formed）境遇”①，绝对自由是不存在的，我们的自由，是境遇中的自由，只能是在历史、社会条件下的活动。在这个意义上，“自由”也不可能是“为所欲为”。既然“为所欲为”根本不可能，对“为所欲为”的幻想，只能是“伪自由”，而“真自由”必须是现实的，是在真实生活中可行的。

2. “视景”的澄清

在默多克看来，“自由”应当“是一种尝试看清具体对象的进步功能”②，真正的“自由”不是实践“个人意志”的“为所欲为”，而是努力澄清“视

① Iris Murdoch, “The Existentialist Hero”, *Existentialists and Mystics*, 1997, p. 112.

② Iris Murdoch, *The Sovereignty of Good*, 1997, p. 23.

景”并在“准确视景”（accurate vision）基础上恰当地选择、行动。[①]

默多克所说的“视景”指的是一个人如何看待自己所处的世界，是对其“关于世界的意识”的不断反思，即关于此世界的理性的认识或思想，或简称之“理性”（参见本书第二章相关内容）。“理性”既包括“关于对象的知识”，也包括“关于对象的冥想”，因此，“视景”不仅体现了一个人通过主体性反思所形成的关于其所处世界的“知识”，同时也包含了她/他对其世界的“冥想”。“知识”和“冥想”都是关于对象的反思性“意识”，因此，一个人关于其世界的“视景”并非“是其所是”的“自在”，而是“是其所非”或“非其所是”、始终处于变化发展之中的理性的、反思的“关于‘景’意识”。

“视景”不仅仅是一个人对其世界的反思，还是她/他对这种“对其世界的反思”的反思，且具有无限“自反性”，所以“视景”不仅是、也应当是不断刷新的，体现为多重反思意识，是关于“关于‘景’的意识”，关于“关于‘关于景的意识’的意识”的意识，并可以无限自反下去。但它指向的真正对象总应当是“世界”。作为指向对象的“意识”，“视景”的任务是无限接近“是其所是”的对象，换言之，“按照世界本来面目看世界是我们的任务”[②]。人应当使自己关于世界的“视景”越来越清晰、准确。

通过“视景”，默多克的“自由”实际上把“学习”与“创造”、“思想”与“行动”、“我”与“他人”、“人”与“世界”有机地构成“多价化合式联合体”（polyvalent complex）（这个曾被萨特使用过的化学术语——参见本书第二章第二节“非反思意识”，完全可以用来强调默多克关注的各个因素之间难解难分、有机联系的性质，它们绝非相互孤立，而是复杂作用于你我），而不像萨特式存在主义的“自由”造成的客观效果：主动、活跃的“个人意志”与“非人格逻辑联合体”似乎被孤立开来，有时甚至犹如敌我关系。

（1）“学习”与“创造”的化合。“理性”作为形成“视景”的手段，其“知识”部分主要体现了它的学习功能，世界是它要了解的对象；而“冥想”部分则是在“知识”基础上对世界的“想象”或“幻想”，是“想象力”的创造性发挥。虽然“想象”和“幻想”都是“想象力”的创造功能，

① Iris Murdoch, *The Sovereignty of Good*, 1997, p. 67.

② Ibid., p. 91.

但是，真正的“自由”是以现实为基础的创造，即“想象”，而不是脱离现实的创造——“幻想”。在默多克看来，需要我们去了解的“现实”（reality）比我们所能够确切掌握的“事实”（facts）要丰富、复杂得多，[1] 我们需要利用“想象”去弥补“知识”对更广阔的、无限的“偶然性”的无能为力，从而扩大“知识”给我们带来的“视景”。“学习”是“创造”的基础，而“创造”则拓展了“学习”并反过来促进“学习”。

（2）“思想”与“行动”的化合。虽然萨特精辟地分析了“意识”，但他太强调选择、行动，忽视了比选择、行动更为根本的“动机”以及产生“动机”的思想背景——这正是默多克最为关心的。她认为“行动”归根结底是由“视景”促成的，因为“我只能在我所看见的世界中进行选择”[2]。“视景”是“动机”及“动机”所促成的选择和行动的基础，亦即“思想”是“行动”的基础，“行动”体现了“思想”。一个人的“行动”值得被我们观察、分析，是因为它提供了我们无法看到的、藏匿其后的“思想”——自由的意识活动。默多克认为，一个人的一切可见（visible）行为，如选择、行动、语言等，都是由其不可见的（invisible）“视景”促成的。他人对我可见行为所做的评价、反应，是我所要“视”/“看”的对象，经过我的反思加工，又促成我新的“视景”。

（3）“我”与“他人”的化合。在默多克这里，“他人”不是被理解为威胁“我”的“自由”的存在，而是“我”的“知识”和“冥想”所关注的对象，“我”应当做的，是了解“他人”，而非恐惧、逃离、厌恶“他人”。反之亦然。“我”和“他人”的这种共同态度，使我们好奇地互相关注、理解，而非冷漠、敌对。互相“看”对方和对方对“我”的“看”的过程，为“我”与“他人”变成“我们”提供了可能，是达成和谐社会的基础（关于我看他人、他人看我、我看他人对我的看等之间的关系、作用，参见本书第一章相关内容）。

（4）“人”和“世界”的化合。作为主体的“人”和作为客体的“世界”通过“视景”紧密联系在一起，两者从最初的陌生、疏离甚至敌对，经由“理性”的活动而向和谐境界发展。“世界”为“人”的存在和活动提供了舞台，而“人”的存在和活动为“世界”增添了光彩，两者互相渗透、

---

① Iris Murdoch, “The Darkness of Practical Reason”, *Existentialists and Mystics*, 1997, p. 199.

② Iris Murdoch, “The Idea of Perfection”, *Existentialists and Mystics*, 1997, p. 329.

影响。

“视景”把我们的关注重心和热情，从狭小无趣、是其所非或非其所是的“自我”，转移到包括“自在”和“自为”的无限丰富的“现实”，把我们从封闭的“自我意识”中解放出来，在更广阔的天地中实践我们的“自由”，而这一解放本身就是“自由”的实践。越是解放，越是能获得广阔、清晰的“视景”；“视景”越广阔、越清晰，越能更好地实践我们的“自由”。在此不断扩大、澄清“视景”的过程中，“自我”一步步退缩、萎缩，变得越来越模糊，从而达到默多克所倡导的“去自我”（unselfing）。

3. “自我”的清除

澄清“视景”的“真自由”，就是要“了解、理解并尊重除我们自己之外的事物”①，是征服“自我”的一种训练过程②。默多克的“去自我”，正如安东马齐奥（Maria Antonaccio）所说，是“意识”通过关注世界与他人，而非自我中心式的幻想，日益摆脱它的利己主义（egoism）的渐进过程③。用雷莫奈森（Suguna Ramanathan）的话说，则是“把自我杀死（slay）在十字架上”，将“意识”从以自我为中心的束缚下释放出来，“意识就自由了”④。

默多克相信，“客观性和不自私对人类而言并不是天生的”⑤。这是人作为“意识”和“物质”的双重特性所致，而“自我”的不可信，也正在于此。

（1）正如萨特对“意识”的分析所指出，“自我”并不是先验的存在，而是在反思意识阶段出现的，关于我们自身存在的意识，它的根基其实是“虚无”。“自我”不仅不比“视景”所关注的“世界”和“他人”优先，其存在恰恰是以后两者的存在为前提的：正是在与自在世界和他人的对照中，才产生了所谓的“自我”，所谓无他则无我，即是此意。如果把“意识”关注中心集聚在如此虚无的“自我”，而不是世界、他人这样的真实存在上，无

① Iris Murdoch, “The Sumblime and the Beautiful Revisited”, *Existentialists and Mystics*, 1997, p. 284.

② Iris Murdoch, *The Sovereignty of Good*, 1997, p. 95.

③ Maria Antonaccio, *Picturing the Human: the Moral Thought of Iris Murdoch*, Oxford University Press, 2000, p. 191.

④ Suguna Ramanathan, *Iris Murdoch: Figures of Good*, *London*: Macmillan Press Ltd, 1990, p. 62.

⑤ Iris Murdoch, “On ‘God’ and ‘Good’”, *Existentialists and Mystics*, 1997, p. 341.

异于舍本逐末，与澄清“视景”的目的南辕北辙，在此基础上所实践的“自由”，也只能是一场空幻。

（2）对“自我”的关注，其实就是对“自我”的“看”。萨特在分析“看”的时候，曾使用能将人石化的蛇发女神墨杜莎（Medusa）作比喻，因为“看”具有使被看对象固化的作用。同理，对“自我”的关注把原本自由发展变化着的“自我”从“是其所非”或“非其所是”的“意识”，变成黏滞的、甚至固化的“虚假对象”（spurious object）。这不仅不是“自由”的实践，反而是在破坏原有的“自由”，试图将其物化。

（3）因此，默多克认为，萨特式存在主义或其他唯意志论的以自我为中心，实际上有把虚无的“自我”当作“独立的不可还原的实体”[①] 之嫌（关于“自我”的非实体性，可参见本书第二章）。从该层意义上说，真正的“自由”也应该是对这种实体化/物化的反抗和突破，即把关注目光从“自我”移向世界、他人，把“自我”从墨杜莎的魔法中释放出来，去除“黏滞”，恢复“意识”本身的活跃性。

对“自我”的关注，必然妨碍我们对世界、他人的关注，使我们无法获得促成恰当选择的清晰“视景”，而且强烈的“自我意识”恰恰是“自由”的实践被妨碍的体现。

（1）“理性”的强大“自反性”功能应当用于澄清“视景”，而非对“自我”这个狭小、无趣的虚假对象一再挖掘。《局外人》中的莫尔索，从某种意义上说，就是一个只关注“自我”，结果被锁在“自我”中的代表人物，其结果是百无聊赖、无所事事地混吃等死。作为具体在世的人，其生活主要内容就是与他人的关系，因此默多克认为，应当从萨特式的“以自我为中心的诚实观（concept of sincerity）转向以他人为中心的真实观（concept of truth）”[②]。一个实现了个人目的的人，在默多克看来并非“理想的自由人”，因为“自由（to be free）意味着：无所畏惧地、心智健全地存在，并且感知什么是真实的”[③]。换言之，真正的“自由”是为了更真实地了解、认识“现实”而对“自我”实施的克服与重塑，是突破以我为中心的幻景，以臻清晰、准确的“视景”。

① Iris Murdoch, “The Novelist as Metaphysician”, *Existentialists and Mystics*, 1997, p. 103.

② Iris Murdoch, “Against Dryness”, *Existentialists and Mystics*, 1997, p. 293.

③ Iris Murdoch, “The Darkness of Practical Reason”, *Existentialists and Mystics*, 1997, p. 201.

（2）在默多克看来，“自我意识”对人其实是束缚。默多克在解释为什么她的小说多以男性口吻叙事时说，她所关注的是普遍的“人”的问题，而不是“男人”或“女人”的问题，而作为男人要比作为女人在这个世界上更为自由、更能接近事实，因为“一个女人比一个男人自我意识更强，就像一个黑人比一个白人自我意识更强一样”①。尽管有人用女性主义理论剖析其作品，或因其性别而把她纳入“妇女作家”，但默多克绝非所谓的“女权/女性主义者”。事实上，这种用性别“简单地”把人类划分为不同群体的做法，从根本上与其哲学观（反对抹杀个体之间的差异性）相对立。

女人和黑人的“自我意识”之强，并不是因为他们自由，而恰恰反映了他们在不平等社会中，无法充分实践其生命所固有的自由。他们不仅被“看”囚禁在委曲求全的精神牢狱，而且，这种“看”的实质是，女人和黑人自己用自己揣测出来的“男人之眼”和“白人之眼”——而非自己的眼——“看”自己，自己将自己从“自为的存在”非人地固化为“自在的存在”，目的在于迎合“男人”和“白人”。其实质是“自我异化”（详见本书第一章第三节）。事实上，种种社会的歧视、不平等，常常采用此类借刀杀人的手法迫害弱势群体或个人。鲁迅作品中以祥林嫂为代表的许多人物都是这样被“吃人”于无影无形之间的“礼教”戕害的。

默多克去除“自我”以便澄清“视景”的主张，目的是为了把我们的关注从“自我”移向“世界”，即将我们的个体“意识”引导向共同的对象。尽管个体“意识”之间存在着不可抹除的根本差异性，但它们都是关于同一个对象的意识，此对象“是其所是”的稳定性使“意识”们在差异性基础上，达到某种程度上的相对的一致或和谐。从“自我中心”向“他人中心”转移，是对默多克所说的自私天性的克制，客观上也是对“利他主义”的追求。对一致或和谐的追求，对“利他主义”的追求，实际上就是道德伦理的目的或境界。

默多克的“去自我”是一个很容易让多数人困惑、甚至质疑的概念，实际上，她要去的那个“自我”，是被实体化的自我，而不是纯粹作为“关于‘我’的意识”的那个真实的“自我”。其“去自我”实际上在维护“意识”的活跃性和能够打破自身黏滞的固有能力，换言之，默多克维护的，恰恰是我们的“自由”（可参见本书第四章第一节关于“自我”的内容）。

---

① Deborah Johnson, *Iris Murdoch*, Sussex: The Harvester Press Limited, 1987, p. xii.

第三节 道德性“自由”

在默多克看来，真正的“自由”，总是与道德伦理相关的，实际上就是“道德性自由”。她提到过两种人，一种是“视自己为虚无、能够看见其他事物本来面目”的“谦逊”（humble）的人[1]，另一种是努力去“看”（see）“非自我”（unself）、去“看”真实的世界并对它做出“回应”（response）的“善良”（good）的人[2]。他们在拥有“德性”、成为道德的人的同时，实际上也达到了清除“自我”、澄清“视景”的境界，即实现了真正的“自由”。真正自由的人，也是真正道德的人。

1. “自由”对“意义”的道德诉求

人作为“是其所非”或“非其所是”的“自为的存在”：

（1）无论她/他自觉与否、积极与否，其在世的生活一定是有“所为”（for）、并为此所为而有“所为”（do）。不论莫尔索们多么想把自己变成无欲无求、随波逐流的“自在”，仍然无法逃脱不得不在追求着什么的“自为的”存在事实，只不过其“所为”（for）是“把自己变成无欲无求、随波逐流的‘自在’”罢了。当我们为了让自己有一种与世无争的平和心态而“无欲无求”的时候，心里应该明白，我们此时正在欲求着，我们“欲求‘无欲无求’”。人活在多么有趣的状态中！一个充满悖论的世界，一种充满悖论的人生，还有充满悖论的理论。任何一种理论都经不起无限追问、推敲，任何一种理论都无法企及“无懈可击”、“一统天下”（参见本书第二章第二节“反思意识”）。

（2）无论她/他是否意识到、是否承认，其“所为”（for）绝不可能是其所是，而一定是其所非。由于其自身对其“所为”有所匮乏、欠缺，才会对其“所为”有所渴望、追求，一旦“所为”（for）是其所是，换言之，如果目标被实现或达成，“所为”就丧失了被“为”（for）的必要而不成其为“所为”。因此，要使“所为”成为持久、甚至永远的存在，它必须持久地、甚至

① Iris Murdoch，“The Sovereignty of Good”，*Existentialists and Mystics*，1997，pp. 103 – 104.

② Iris Murdoch，“The Sovereignty of Good over Other Concepts”，*Existentialists and Mystics*，1997，p. 376.

永远地不可是其所是，也就是说，目标不可企及。或者说，就像悬吊在驴子鼻尖前面的胡萝卜，看得见，却吃不着。

为了吃到胡萝卜，驴子向前走。永远吃不着胡萝卜，驴子永远向前走。那根永远看得见却吃不着的胡萝卜，为驴子的一生提供了稳定、持久的前进动力，它因此活得有希望、有干劲，在将死的那一刻，望着没有吃着的胡萝卜，它不甘心地思忖：真想再活20年！

人类的信念、信仰，从性质上说，就是人之“所为”（for），就其永恒性而言，就像驴子眼前的胡萝卜，它必须是不可企及的。唯其如此，方能永恒；唯其永恒，方能成为人类生存的持久动力或精神依托。在这个意义上看，追问、证明信念、信仰是否可信，无异于精神徒劳：无人企及的东西，也就无人能真正说明、证明。

因此，信念、信仰是每一个个体自己才能解决的事情，对此，她/他要做且能解决的只有一件：我是否为此“所为”（for）有“所为”（do）。尽管教众是在听教主传教，但决定是否相信教主所传之教的，是教众本身。所谓邪教害人，主要责任应该是受害人的：从现实生活的角度说，他们出于无知所以盲从；从本书所论之哲学角度看，他们作为“自为的存在”，却放弃与生俱来的自由而听命于他人，但是，“自由”是无法放弃的，其“放弃”不过是萨特所说自欺或不诚实（还可参见本书第一章在“焦虑”部分关于逃避“焦虑”的内容）。

（3）作为虚无的“意识”，其“所为”（for）必定是与其“虚无”性质相反的东西。换言之，其存在越是虚无、荒诞、偶然地无根基，人就越是渴望为自身的存在创造出实在的根基。这种根基的性质一定是与虚无性、荒诞性和偶然性相对立的，不是破碎的，而是连续的；不是无意义的，而是有意义的；不是纯粹自发的，而是与其他存在相关联的。这种连贯的、有意义的、与其他存在相关联的根基，虽然是“自由”从“虚无”中为使自己摆脱“虚无”而创造或杜撰出来的，却因其所具有的相对稳定性，而使人类在世的生活有了落脚点，变得“有意义”。

尽管人生本无先验的意义，但“意义”却是“自为的存在”所追求的终极目标，它使一个人自身存在的各个时刻统一起来，使个体与其他存在统一起来，使非秩序、非体系的存在变得有秩序、有体系。“自由”对这种统一生活、并使之连续化、秩序化的“意义”的创造和追求，实质就是人类对道德伦理的诉求。

这种诉求的实质，乃是“自由”对“偶然性”、“虚无性”的反抗和征服。默多克在评论波伏瓦的小说时指出：“我们所处的世界正在变得像卡夫卡的世界一样荒诞。然而，我们和它［世界］的关系，却并不像卡夫卡的主人公们那样。我们还没向荒诞臣服，而我们的救赎也正来自不去臣服。”① 这也是加缪在《西西弗斯的神话》中所赞颂的荒诞英雄之所以是“英雄”的根本原因（参见本书第一章关于“荒诞”的内容）。

“自由”对“意义”的创造和追求，是“意识”本身所具有的反思功能。“反思”的纯净程度，直接决定“意义”的合理程度。作为加工、处理各种意识资料或数据的阶段，“反思”既可以是发现并尊重“现实”的“严肃的反思”，也可能是制造“虚假的对象”并遮蔽“现实”的“默许的反思”。萨特之所以认为经过提纯的“反思”所促成的“选择”才是真正的“选择”，其原因正在于此。同理，“严肃的反思”所创造、追求的“意义”，比“默许的反思”所创造、追求的“意义”更接近“现实”，即更为合理（参见本书第二章第三节“‘理性’之误”）。

因此，作为纯化“反思”的能力，“理性”是“自由”创造、追求合理“意义”的保证。“理性”是“意识”本身固有的反思能力，是对“意识”所获得的各种“关于对象的意识”的反思，但它更是对这些反思的“反思”，以及对反思的反思的“反思”，并无限深入下去。“理性”的这种无限自反性，就是对“反思”无止境的、不懈的提纯活动，其目的只有一个——接近“现实”或发现“真相”。

默多克强调“反思”，实际上强调的正是“纯化反思”的“理性”，而不是可能包含“默许的反思”泛指的“反思”。这种具有无限自反能力、确保“意义”合理性的“理性”，才是默多克所说的真正“自由”——创造、追求合理“意义”的道德性“自由”。

在这个意义上，默多克认为“道德性自由不是改变选择的能力”，而是“我们需要达到的反思意识模式”②。假如对此进行通俗的解释，即我们真正的自由并非体现为做出选择或选择什么的能力，而是体现为自我反省的能力。越是能反省自身，越是真正自由的。真正自由的人，不是为所欲为的人，而是能做到一日三省其身的人。后者就是我们现实生活中的有德之人、贤人，

① Iris Murdoch, “The Existentialist Hero”, *Existentialists and Mystics*, 1997, p. 115.

② Iris Murdoch, “Vision and Choice in Morality”, *Existentialists and Mystics*, 1997, p. 95.

甚至圣人。

无论是“反思”还是“纯化反思”的“理性”，都是人的思想力，“意识”已经决定了：即使是以“现实”、“真理”或“真相”为目的的“理性”，也始终带有主观色彩，绝不可能是纯粹客观性的。

①“理性”不是自在的，而是“自为的存在”本身所固有的反思能力；②“理性”本身不是“现实”、“真理”或“真相”，而是向着“现实”、“真理”或“真相”无限趋近的主体性努力；③“理性”永远不可能完满，却永远不会停止对完满境界的追求。

作为“理性”的人，一方面，我们在生与死之间的存在过程，是探索、发现“现实”、“真理”或“真相”的过程，人生就是向着“真”的不懈努力和进步。但另一方面，尽管我们通过自由的“介入”在创造、追求着“意义”，是“永不丧失怀疑能力的改变世界者”[①]，却“没有什么能保证我们是正确的”[②]。且不说“反思”本身有可能不纯，即使是“理性”，也是主观性的“理性”。因此，无论是泛指的“反思”，还是默多克强调的以“理性”为主的“反思”，在进行道德伦理诉求的同时，也意味着我们必须对自身和世界承担不可推卸的、由我们的主观性导致的各种道德责任。

2.“自由”对“个体”的道德责任

“自由”创造、追求“意义”的过程，是积极“介入”的过程。事实上，人作为“自为的存在”，其生活就是“介入”。“介入”是人无法逃避的命运，正如无法摆脱“意识”、无法摆脱“自由”（参见本书第一章）。但是，消极的“介入”与积极的“介入”在生活中的表现却有天壤之别。

《局外人》中的莫尔索是被动“介入”的典型。他没有任何“所为(for)”，只是“不得不”在世上生存着，对一切漠然置之，处于类似“自在”的得过且过、随波逐流的生存状态。没有人会认为莫尔索的人生有意义，包括他本人。他的漠然，无论是从萨特的立场还是从默多克的立场看，都是不道德的。莫尔索没有正视自己作为“自为的存在”的事实，而是把自己伪装成随遇而安的“自在”，既不关心世界、他人，也没有对自我的谋划。

可惜，尽管如此，他还是不得不“介入”生活：给母亲送葬，和女朋友

① Iris Murdoch, “The Existentialist Hero”, *Existentialists and Mystics*, 1997, p. 112.

② Ibid.

交往，在海滩上和陌生人冲突，被判死刑但拒绝（主动“介入”行为）申诉等。只不过他一直不愿意正视作为“意识”的“自为的存在”，总是试图将自己非人化为只有动物需求的“自在”：送葬的时候只觉得热得出汗，出于生理不适才想起女朋友，开枪打死阿拉伯人则因为太阳晒得头晕，对蹲监狱受审判无动于衷，好像（也不过是“好像”）与自己无关。莫尔索的行为显然是萨特所说的“自欺”。

而且，虽然他不愿意为人生负责，却无法逃避其“自由”，他的生活就是其“自由”的实践。但是，这种只关心自身基本欲望的“自由”，无疑是自私的、满足欲望式的“自由”，即默多克所说的虚假的“自由”，而非以他人为中心、关注世界的真正“自由”——道德性“自由”。结果，作为“自为的存在”，他既无法逃避“自由”，无法逃避“介入”，也无法逃避他的“责任”。

对死刑的接受，既是莫尔索在世存在的最后一次自由“介入”，也是他承担的最后一项“责任”。在“死亡”降临的时候，莫尔索获得自己的“本质”——其在世存在既无意义也不道德。以萨特的立场看，莫尔索是一个多么不诚实的自欺之徒！

从莫尔索的一生可以看出，虽然人是自由的，但现实生活并非纯粹个人的，我对我自身和他人眼中的我，都负有不可推卸的道德责任——“一个人不可能避开价值判断”①。莫尔索对世界、他人甚至自我的冷漠，体现了他的价值判断，即一切都不值得去关心；莫尔索的一切又被他人进行价值判断，即他的人生既自私又无意义。可见，作为整体的（holistic）人，其在世生活既有主体性的个人部分——内部生活，也有与外部世界密切相关、甚至互相作用的外在部分——公共生活。

（1）人作为“是其所非”或“非其所是”的虚无“意识”，为了给自己的存在制造根基，必得有所为（for），并为此“所为”而积极“介入”。一方面，她/他根据其“所为”进行自我谋划并谋划其世界；另一方面，她/他也对其“所为”进行反思和修正。其生活表现为：观察、思考过去，在此基础上进行现在的、关于未来的谋划。这种一刻不停、具有目的趋向性的、连贯性的反思活动，构成我们的现实人生。无论是这种活动本身，还是在它之前所做的工作，都蕴涵着价值判断——我应该如此、所以这般。即使是莫尔索

① Iris Murdoch, “Literature and Philosophy”, *Existentialists and Mystics*, 1997, p. 21.

式的人生，也同样包含着价值判断：他向着“自在”的堕落，表明他认为人生——至少他的人生——应该（或“可以”——仍是道德判断）像“物”一样地随波逐流。

（2）我作为他人“意识”可指向的对象的一部分，对他人而言，是客体性的存在。他人的“看”在将我“物化”的同时，也在对我作价值判断。他人通过我的“可见的”言行举止所“看”到的那个“我”，虽然不受控于我，但其基础仍是我自己的言谈举止、所作所为。只是在这个意义上，“我之所为（doing）或我之所是，并非私密的、个人化的，而仅仅是通过公共观念和客在观察者强加在我身上、使我的身份得到确认的东西”[①]。因此，“我们会觉得自己要对别人对我们的看法负责——尽管我们觉得他们其实是错的”[②]。

“我们的思想、行为几乎都与差异无限的诸种评价相关”，包括作为思想载体的语言——语言是“价值判断的语言”[③]。当一个人做某事、说某话的时候，是因为她/他认为可以做可以说，“做”与“说”的把关人是她/他自己，一旦做了、说了，就表明她/他对它们审查过了关。这个“关”，就是人自身的道德标准。有这样一个经验：在网上偶尔看到别人写的淫词秽语时，非常震惊，其中的每个字、每个词我们都认识、都会使用，但把它们组合在一起成为如此淫秽的词语，我们却从来想不出，自然也说不出。这个事例中想得出和想不出、说得出和说不出，作为行动而言，尽管它们都是“自由”的体现，却有着道德上的极大差别。

“自由”总是与“道德”相关的。无论人是否承认“自由”、是否积极“介入”、是否愿意承担“责任”，都反映了她/他的价值判断。她/他对这一切负有无法推卸的道德性“责任”。

3. “自由”对“世界”的道德责任

尽管世界客观地存在着，但我们只能在自己看到的“视景”基础上进行选择、行动，我们于其中生活、选择的这个“世界”，是一个掺杂着主观成分的“部分个人的（partly private）、部分被构成的（partly fabricated）世界”[④]。

---

① Iris Murdoch, “The Idea of Perfection”, *Existentialists and Mystics*, 1997, p. 311.

② Iris Murdoch, “The Existentialist Hero”, *Existentialists and Mystics*, 1997, p. 109.

③ Iris Murdoch, *Sartre*: *Romantic Rationalist*, 1989, p. 32.

④ Iris Murdoch, “The Darkness of Practical Reason”, *Existentialists and Mystics*, 1997, p. 199.

"意识"的虚无性使它总是指向对象，没有不指向对象的"意识"，作为虚无的"意识"的人，其在世存在实际上就是无时无刻地"看"对象、并在看到的"视景"基础上进行选择、行动。指向对象的"意识"只能是主体性、个体性的，是我自己的"意识"，即人绝不可能用外在于她/他的、纯客观的"眼"去"看"。无论是前反思所收集的资料数据，还是反思的理性活动，抑或对我与他人关系的体验，均被"部分地"投射上我们的个人意愿。

即使我们努力地想要客观，我们所"看"到的"世界"依然不可能是那个原在的世界，而只能是包含着我们的价值判断的"世界"。如默多克所说，"我们是带着一些常规性的价值标准接触世界的，这些价值标准我们不需要借助形而上学或教条的理论就直接据有了，譬如尊重自由、真理等"①。虽然默多克不认为人应当对"境遇"承担萨特所说的"完全的责任"，但对于包含我们价值标准、价值判断的"世界"——无论是"个人的"还是"被构成的"部分，我们负有不可推卸的道德性"责任"：在介入"境遇"、"世界"并对其进行改造、超越的过程中，人要为其造成的各种影响担负责任。

与萨特式存在主义相比，默多克所说的"责任"更为深入、更为负责。在默多克看来，无论是大陆版还是英伦版存在主义的"自由"，都是"个体的、空洞的、孤独的自由"，"一种如果他愿意、就可以'公然反抗事实'的自由"，都"试图在没有真正面对问题的情况下去解决问题"②。

作为"意识"与"身体"的统一，我们并不是由"非个人性的理性"和"个人性的意志"结合而成的纯粹精神存在③。"理性"是个人的理性，"意志"和"理性"的根基是一样的——"意识"，都是"意识"的反思模式的体现（参见本书第二章的相关内容）。"意识"固然透明，但"我们对自己来说不是透明的"，因为"我们不仅仅是自由的精神，也是被因果决定的动物"，"我们的动机既模糊又令人吃惊"④。

执著于浮面的、清楚的"行为"，却对深层的、模糊的"动机"以及产生"动机"的思想背景视而不见，是对现实人类的简单化，也就不可能真正解决问题。人之所以是自由的，因为她/他是"意识"。"自由"不只是看得

① Iris Murdoch, "Metaphysics and Ethics", *Existentialists and Mystics*, 1997, p. 67.

② Iris Murdoch, "The Idea of Perfection", *Existentialists and Mystics*, 1997, pp. 320 – 321.

③ Iris Murdoch, "On 'God' and 'Good'", *Existentialists and Mystics*, 1997, p. 332.

④ Iris Murdoch, "The Darkness of Practical Reason", *Existentialists and Mystics*, 1997, pp. 194 – 195.

见的“选择”和“行动”，更是看不见的、更为根本的“意识”活动，即通过不断反思、逐渐澄清“视景”的思想“自由”。一味强调“选择”、“行动”、忽视对促成“选择”和“行动”的深层“动机”以及产生“动机”的意识活动，割裂“行为”和“思想”的同时，破坏了人作为“意识”和“身体”的存在的完整性及现实性，其结果是把“自由”仅仅狭隘地理解为“行动的自由”。被加上限定词“行动的”的后一种自由，怎么可能与前一种没有任何限定词的与纯粹意识一样纯粹的自由相提并论呢？这样我们就不难理解默多克所说的真正的自由何以是真正的自由。

真实生活着的人，“是一个看、并根据其所看而欲望着（desire）的统一存在（unified being）”，其“自由”体现在①体现为人对其所“看”的对象具有主观选择性，即“对其视景（vision）的方向和焦点有一定的、持续的、些微的控制”。[1] 盲人摸象的故事固然说明每个人对世界、甚至对一个事物的认识都是很有局限的，但也可以用来譬喻“看”世界、事物的主体性选择的不同。即便生活中最简单的时刻也是如此：我和他同时踏进同一个房间，映入眼帘的第一个物品却不相同，他看见桌子上新添了花，我看见窗边摆上了盆栽。这个简单事例可以说明的不仅是“看”的主体性倾向、选择，也有“看”的发生的偶然性——我们不能忘记“偶然性”这一重要事实。②体现在我们“看”的时候已经包含了主观性的价值标准、价值判断，在我们所看到的“世界”或形成的“视景”中，也就包含了主观性的价值标准、价值判断。即便在我们最早的价值标准、价值判断中，也渗透了个人主观意愿、想象或幻想。生活最简单的例子也能证明这一点，譬如打岔。据说有人在餐厅点菜，可是不想亲自看菜单，就让女服务员“报一下”菜名，后者却听成了“抱一下”，闹出了笑话。服务员在“听成了‘抱一下’”的同时，必有一个导致她如此“打岔”的意识活动，此意识活动显然包含了她而非他的主观性。或许她在之前已经判断他可能会对她有非分之想，所以才会“听成了‘抱一下’”。

不仅一个人在世生活的各种行为——“自由”的实践，其实质是“一种评价行为”[2]，事实上，我们的在世生活“浸润于道德之中”[3]。但是，由于人

---

① Iris Murdoch, “On ‘God’ and ‘Good’”, *Existentialists and Mystics*, 1997, p. 332.

② Iris Murdoch, “The Darkness of Practical Reason”, *Existentialists and Mystics*, 1997, p. 199.

③ Iris Murdoch, “Literature and Philosophy”, *Existentialists and Mystics*, 1997, p. 28.

并非只是透明的“意识”，“我们对自己来说是模糊的”。我们在“看”的过程和“看”的结果中掺杂了个人的观点，然而，“我们可能意识不到将那些价值标准加诸其上的想象和愿望的缓慢、微妙过程”。[①] 这就导致：①澄清关于“世界”的“视景”既是“自由”的体现，也是“自由”的“责任”；②“视景”是否清晰、准确，意味着价值标准、价值判断是否接近“现实”。因此，力求清晰、准确地认识“现实”，是对“视景”的“责任”，也是对“世界”的责任，是对“世界”的道德性“责任”。

“看”本身不仅是道德性的，而且“清晰的视景是道德想象和道德努力的结果”。[②] 由于“意识”的活跃性使它不可能稳定地停留于某种模式，我们不可能总是安稳地处于反思状态，要达到真正的“自由”所依赖的“纯化反思”的“理性”，需要自律、自制的努力，这种“努力”本身既是“自由”的体现，也是道德的自我提升。于是，“自由”与“道德”合二为一。

视自己为虚无的人，体现了“自为的存在”的真正特性，总是具有目的趋向性地“是其所是”或“非其所非”，因为他没有固化的、实体的“自我”，而是向真实世界开放，因而能更广阔、深刻、清晰地看到事物的本真面目。这种人即使从萨特的立场看，也是不折不扣的“自由”。这就是默多克所说的“谦逊的人”。

“善良的人”虽然不如“谦逊的人”那样能“视自己为虚无”，但她/他能够努力关注其自身之外的非我的存在，去看真实的世界，并在此基础上调整自己的思想和行为，实际上也达到了超越自我局限的效果。实现了真自由，也实现了道德的自我提升。

真正自由的人，并不是实现个人欲望的人，而是有“德性”的人，不联系“德性”就无法从根本上定义道德性“自由”[③]。默多克在其小说中，通过人物形象一再表达了这一思想（在本书附录作为示例所剖析的《沙堡》中可管窥之）。

---

① Iris Murdoch, "The Darkness of Practical Reason", *Existentialists and Mystics*, 1997, p. 200.

② Iris Murdoch, "The Idea of Perfection", *Existentialists and Mystics*, 1997, p. 329.

③ Iris Murdoch, "The Darkness of Practical Reason", *Existentialists and Mystics*, 1997, p. 201.

第四章　道德：向善的朝圣

迄今关于默多克的研究，更多仍是集中在她的 26 部小说上，尽管一定会涉及其道德哲学或伦理学思想。安东纳齐奥（Maria Antonaccio）在 2001 年所撰的论文中谈到，对默多克在道德哲学和宗教伦理学方面的贡献和影响，人们依然认识不足、研究不够，而且“几乎还没有开始”①。她就这一情况提到的几个可能性原因中，有两点值得一提：一是默多克著述中所显示的思想“成分”复杂，既有心理分析学、存在主义，也有文学、政治理论，还包括一些艺术、宗教、文化等方面的观点；二是虽然她终生坚持从事哲学研究与著述，但从 1963 年开始，她几乎是作为全职作家专注于小说创作。

第一个原因导致批评研究很难把焦点主要集中在她的道德哲学或伦理学思想上，第二个原因则很容易将学术界目光导向作为小说家的默多克。事实上，其最初的、也是广为人知的声誉，的确来自文学创作上的成就。然而就像斯坦纳的比喻，如果默多克的重要言论、著述是装有探照灯的灯塔，那么，灯塔发出的“光柱围绕着善这一轴心旋转着，而每一次扫掠都摄入广阔的、不一样的视野”②。“善”作为默多克道德哲学的核心，将人类现实生活中诸如“自由”、“德性”、“信念”等众多重要概念融合起来，人生被理解为“自由”朝向“善”的道德进步历程。

正如默多克自己所说，其思想、理论是变化的。无论是其哲学研究还是小说创作，都向我们显示出这种变化的趋势：默多克的关注点从一开始就被她加以“现实化”、“道德化”的“自由”（参见本书附录对其早期小说《沙

① Maria Antonaccio, “The Virtues of Metaphysics: A Review of Iris Murdoch’s Philosophical Writings”, *Journal of Religious Ethics*, 2001. 30 - 35.

② George Steiner, “Foreword”, *Existentialists and Mystics*, 1997, p. xii.

堡》的示例剖析）越来越向“现实”和“道德”转移；所涉概念如“同情”、“爱”、“善”以及“权力”等都属于道德哲学或伦理学范畴（准确地说，是研究各种概念的元伦理学范畴）。

“现实”贯穿默多克全部理论思想，不仅在其“自由”观上尽得展现，也如幽灵般盘旋于其“道德”论中。“道德哲学是对所有人类行为最为重要的研究”①，而且它应当符合两点：一是要具有现实性；二是要有价值意义。这两个方面其核心只有一个，即“现实”。就像石里克（Moritz Schlick）说的那样，“绝没有一个伦理学的结论会同生活矛盾”，否则即“表明哲学家把自己的问题理解错了，因而不能解决它”②，其理论已丧失认识价值。在默多克看来，只有具有“现实性”的理论，才能有效地阐释“我们不通过哲学就知道是善的东西”③，那些与生活产生矛盾的道德哲学应当被摈弃。

告诉人们应该做什么或许是道德家的事情，但伦理学却有责任弄清楚人们应该相信什么。“既然一个伦理学体系只能标举一种理想，就应当标举有价值的理想”，因为伦理学的分析对象不应该只限于普通的一般行为，更应该提供有关“善行”和“如何实现善行”的构想④。伦理学不能以中立为目的⑤，而应当目标明确地指向“善”。

第一节　“道德”的概念

人们谈论“道德”时，往往是指一系列为维护社会和谐、稳定而要求人们遵守的社会规则、规范、准则，人固然能够对它产生影响，但它并不是那么轻易、随便就可以“人为”改变（这就像“三民主义革命”可以剪掉中国人头上的辫子，却剪不掉中国人心里的“辫子”；阿Q喊得出“革命”二字，可到死也弄不明“革命”的意思）。然而，无论是从道德构建者，还是从身处其中的道德行为者来说，究其根源，这种“道德”显然是“意识”的主观性

① Iris Murdoch, “The Sovereignty of Good over Other Concepts”, *Existentialists and Mystics*, 1997, p. 363.

② ［德］石里克．伦理学问题．张国珍 & 赵又春译．李步楼校．北京：商务印书馆，1997. 26

③ Iris Murdoch, “The Sublime and the Good”, *Existentialists and Mystics*, 1997, p. 205.

④ Iris Murdoch, “The Sovereignty of Good over Other Concepts”, *Existentialists and Mystics*, 1997, p. 363.

⑤ Iris Murdoch, “On ‘God’ and ‘Good’”, *Existentialists and Mystics*, 1997, p. 342.

产物，即所谓的“意义”。既然其根基是“是其所非”或“非其所是”的“意识”，“道德”就无法稳定、自在了。这种非先验性，注定它随着时代、社会的变化而变化，随主体的不同而不同，甚至随行为者自身的变化而变化。“道德”是“概念的衍生物”[①]，不存在任何脱离背景而存在的绝对或纯粹的道德——离开背景的任何观念都会显得荒谬。

任何道德观都不可能是一统天下的绝对真理，而仅仅是“道德”在不同社会阶段、不同历史时期的暂时状态。正如打破“意识”的惰性、保持其活跃性的能力就是“自由”，作为“意识”的产物的概念性“道德”，也应该拒绝“惰性”，而通过“活跃性”来体现人类自身的自由。这就是为什么默多克认为，“伦理道德的特点是无法完全停留在传统层面上，从某种意义上说，也不应该停留”[②]，它必然是变化着的，也应当是进步着的。

“意识”与“意识”之间的差异是绝对的，类同是相对的，以“意识”为基础的“道德”必然是复杂多样的。一种试图抹杀思想差异性的、放之四海皆准的模式，并不真正具有普遍性，只能成为建构者“他自己的道德模式”[③]。在默多克看来，现代道德哲学家和以往的形而上学者恰恰在这个问题上犯了同样的错误。其1957年的《形而上学与伦理学》一文指出，“能否建立任何具有普遍真理性的东西呢？如果普遍真理性意味着具有合逻辑的普遍性，那么我认为答案是否。”[④] 1969年的《论“上帝”与“善”》则可谓言辞激烈：“为什么不能有多种不同的、独立的道德价值观？为什么在这个问题上只能合而为一？世界精神病院里到处都是这种被说服了去相信一切能统而为一的人。”[⑤]

道德的进步，不是去寻求或发明唯一的或绝对的“体系”，而是要“通过丰富、深化概念”[⑥] 来实现。正因如此，无论是柏拉图主义、康德主义，还是自由主义、自然法则派（Natural Law）等，默多克都抱着去伪存真的态度进行历史回溯式的批判，寻找其中真的部分。或许有绝对真理，正如或许有完美的精神存在，但绝不是无法摆脱局限性的人类所能企及的彼岸。如果以完

① Iris Murdoch, “Vision and Choice in Morality”, *Existentialists and Mystics*, 1997, p. 89.

② Iris Murdoch, “The Idea of Perfection”, *Existentialists and Mystics*, 1997, p. 323.

③ Iris Murdoch, “Metaphysics and Ethics”, *Existentialists and Mystics*, 1997, p. 67.

④ Iris Murdoch, “Metaphysics and Ethics”, *Existentialists and Mystics*, 1997, p. 75.

⑤ Iris Murdoch, “On ‘God’ and ‘Good’”, *Existentialists and Mystics*, 1997, pp. 345 – 346.

⑥ Iris Murdoch, “Against Dryness”, *Existentialists and Mystics*, 1997, p. 293.

美精神为参照系，那么人类就个个都是精神病人——没有哪个活生生的人是完美的。无怪乎默多克说世界是个精神病院！人与人的区别只在于病情的轻重不同。那些以为自己最正确、动辄对异己大加指责、甚至必欲除之而后快的人，可能比他所攻击的人病得更重——已病入膏肓！

1. “道德”实乃“自由”

必须强调的是，“自由”是默多克“道德”的基础。“自由”不仅表明“道德”具有主观性的一面，在默多克那里也得到了新的诠释，不再是与“道德”相对的概念，两者融为一体，获得新内涵。

一般认为，自由是道德的先决条件，因为道德哲学所考察的道德行为人必须是“具有自律意志、能最终决定应履行或不应履行什么行为的人”①。只有当一个人的行为是其自由选择的结果时，我们才要他为其行为负责，才对其行为进行道德评判。但是，在日常生活中，道德作为“体现在文化和历史传统中的、支配人们的品格和行为的社会规则”②，常常被人们视为约束个人行为的外在力量，似乎变成“自由”的敌人。

这个悖论产生的根源，一方面，是由于默多克所说的“自由”的“真”、“伪”两面性（详见本书第三章第二节）。默多克认为，所谓的完全独立的个体自由，是幻想的而非现实性的，它是混淆了“愿望”和“事实”的“假自由”。真正的“自由”应该是前者，与“道德”相关的道德性“自由”。“自由本身就是一个道德性概念，而不仅仅是道德的先决条件”③。“道德”非但不是对“自由”的限制，其实质正是“自由”的体现。

默多克批判萨特的“诚实”/“不诚实”，并不是反对他把“自由”和“道德”联系起来，而是要纠正他的两个根本错误：①“自由”不是以自我为中心的随心所欲，而是突破狭隘自我，努力获得清晰、准确的“视景”，在这样的“视景”基础上恰当地选择，做恰当的事情；②“自由”和“道德”密切相连，但不是谁决定谁的关系，而是合二为一、不分彼此的；假如一定要分出谁更根本，也决不像萨特认为的那样是“自由”决定“道德”，而应

① ［英］尼古拉斯·布宁，余纪元．西方哲学英汉对照词典．王柯平等译．北京：人民出版社，2001. 636 - 637

② 同上，第331页。

③ Iris Murdoch, “The Idea of Perfection”, *Existentialists and Mystics*, 1997, p. 330.

该是“道德”决定“自由”，“毕竟道德是人类生活重要的中心舞台，是自由的居所”[①]。

的确，对他人来说，我的“自由”和“道德”的“载体”都是我的“行动”。然而在默多克看来，倘若停留在这个层次，不仅是对问题的简单化，客观上也割裂了“动机”和“行动”之间的因果关系。同一个“行动”，在他人眼中，既显示我能够进行选择的行动自由，也通过我的自由选择显示了我的道德立场；我的“行动”既是自由的“行动”，也是关乎道德的道德性“行动”（“道德性”一词的意思是“与道德相关的”，没有褒贬之意，不等于“有道德的”或“有德性的”的褒扬）。这一点在“道德困境”中最为突出：要在虽然相对立、但各有道理的 A 和 B 之间选择其一，既可以选 A，也可以选 B，然而无论选择哪个，都意味着必须放弃另一个。此时任何一种结果，既体现了选择的自由，也体现了道德立场。但是，真正导致“行动”的，是更为复杂的、模糊的“内在生活”（inner life），即直接的“动机”及其深层基础——思想观念或默多克所说的“视景”。

默多克指出，如果像有些人认为的那样，“道德必须是行动，因为精神概念只能追根溯源地加以分析”，那么，①我对自己的认识就不再是我个人隐秘的东西，而是“公开的显现”。我的“理性”、我的“准则”变成“公共的理性”、“公共的准则”，“我的主观存在则是游走的、孤独的、非物质的意志”，所谓的“个性”就退缩为“纯粹意志”，而“意志”是纯粹个人性的。于是乎，②在这种公共的“理性”、“准则”和“个人意志”的关系中，“个人意志代表完全的自由”，而“理性和准则象征非个人性的绝对统治”——一个冷酷无情的“机制（machinery）”[②]。这就意味着，一旦我有所“行动”，就必定落入此“机制”中；同时也意味着，只要我没有做出任何“行动”，就可以游离在“机制”之外。

换言之，虽然我的“行动”是与“道德”相关的道德性“行动”，然而，促成“行动”的“动机”及“动机”背后的深层思想观念或“视景”却与“道德”不相关，道德判断就变成“论迹不论心”，将“心”与“迹”割裂。“心”（观念或动机）与“迹”（行为或结果）的问题一直是中西古今“道德”研究的关键，在《太上感应篇》里已经有“论心不论迹”和“论迹不论

---

① Iris Murdoch, *Sartre: Romantic Rationalist*, 1989, pp. 31 – 32.

② Iris Murdoch, “The Idea of Perfection”, *Existentialists and Mystics*, 1997, p. 311.

心”之辩。这类问题的根本问题在于“心”和“迹”没有被作为有机的统一体来考察，而默多克要解决的正是这一困难。

默多克认为，“心”与“迹”的割裂、“论心不论迹”实际上是对道德问题的简单化。正如她在批判萨特时所说，这种简单化的目的是，通过放弃对“看不见的”内在精神活动的考察和分析，使道德行为能够处于我们的掌控之中。①

然而，“自由”和“道德”不仅共享“行动”这一“载体”，更共享“意识”。假如我对自己的认识是“公开的显现”，我的“理性”、“准则”是“公共的理性”、“公共的准则”，结果将是：①“我的‘客观’存在不在我的掌控之中，而是被逻辑和观察者所决定”②，这就在客观上否定了我是自由的；②我的“主观”存在不过是与前者相对立的“个人意志”，这又在客观上割裂了我的“意识”，因为，“理性”和“意志”都是我所固有的反思能力的体现，“隶属”于我的“意识”。

正是在这个基础上，默多克像她提到的那些哲学家一样，担心出现“因缺乏反思自省而导致的道德下滑倒退”：

> “如果把道德看作构建整体世界的一种惯用方式、看作一个更为庞大的概念框架的一部分，你就会不再对它进行反思、对它负责，就会开始视之为一种事实。一旦把道德体系视为一种事实、而非只能通过你自己的选择才存在的一套价值标准，你的道德品行就会发生下滑倒退。”③

够格去构建整体世界的“道德”，必然是能够得到每个人认同的普遍、绝对的“道德”。因此，这种“道德”只可能是外在于每个个体、不因任何个体而改变的客观存在，亦即“一种事实”。如此一来，“道德”由于被外化为“事实”而变成与我相对的存在，它和我的关系只能是“约束”与“被约束”。人作为“自由”，面对这种“道德”就只剩下一种选择（犹如哈姆雷特面对死亡）：服从还是反抗。于是，“道德”与“自由”对立起来，“自由”

---

① Iris Murdoch, *Sartre*: *Romantic Rationalist*, 1989, p. 32.

② Iris Murdoch, “The Idea of Perfection”, *Existentialists and Mystics*, 1997, p. 311.

③ Iris Murdoch, “Metaphysics and Ethics”, *Existentialists and Mystics*, 1997, p. 66.

也就不可能是默多克所说的"道德性自由"（参见本书第三章）。

当人们以为"善有善报，恶有恶终"的时候，其实就是默多克所说的用"道德构建整体世界"的企图；而"天理何在"之叹，则体现了这一构想的破灭，同时也体现了构想者的不甘心、不觉悟——以为世上是有"天理"的，即客观实在的"道德"。此种"道德"还被设想为奉行"顺我者昌，逆我者亡"的政策，即"善有善报，恶有恶终"，否则怎么诱使或强迫人们变得有道德的呢？无怪乎人们会把"道德"看作是对"自由"的束缚！

"道德"绝不可能是一个纯粹客观的外在于人的"事实"，它仅仅是人类创造的诸多"意义"之一种，是"意识"的产物或体现。正是在"意识"这个层面上，人的"行动"、"动机"以及更深层的"视景"，得以有机地统一起来，人才成为完整的人。不仅"行动"是道德性的，促成"行动"的"动机"是道德性的，产生"动机"的"视景"也是道德性的。

人在世生存的所有时刻，都与"道德"相关。"道德"不是高高悬挂在生活之上的、需仰视方可见的、遥不可及的自在，而是无时无刻不萦绕于日常生活、开始于衣食住行等最根本的生活问题。

2. "道德"立足"现实"

1959 年默多克在《崇高与善》中说，"爱就是对现实的发现，艺术和道德观也是这样"①。然而，此处作为关键词的"现实"却是哲学上"一个经常使用但含义模糊的术语"②。从《西方哲学英汉对照辞典》关于"现实"的词条中我们发现，"现实"通常被当作"世界"的同义词，或是所有存在的总和。有的哲学家认为，把"现实"定义为从属于"现象（phenomena）"的一种性质就够了，而"现象"独立于我们的意志（volition）之外——我们无法"愿它们消逝"。在维特根斯坦看来，"世界"是"事实"的世界，而非"物"的世界。③

默多克在 1977 年和麦吉谈文学与哲学时也提到"现实"一词在哲学上的含义不明及因此而来的"声名狼藉"。不过，当她说艺术家的"现实感"（a

① Iris Murdoch, "Existentialists and Mystics", *Existentialists and Mystics*, 1997, p. 216.

② ［英］尼古拉斯·布宁，余纪元．西方哲学英汉对照词典．王柯平等译．北京：人民出版社，2001. 858

③ 同上。

sense of reality）就是“理解‘事物如何存在’，以及它们为何存在”，就显示了她所理解的“现实”，可视为事物的“如何存在”与“为何存在”。真正的艺术家，即默多克所说的“严肃的艺术家”，会认真地“看世界”，因而也就能在世界中看到“更多的内容”。[①] 她推崇备至的莎士比亚就是这类艺术家的典范。

虽然“现实”真实存在着，但它并不像汉普舍所设想的，“是潜在地向不同观察者敞开的”[②]。默多克在《存在主义者和神秘主义者》中辨析了汉普舍的构想。

对于汉普舍来说，①“现实”是外在于人的、等待被发现的存在。②人的“内在”则是介乎一个个公然的“行动”之间的存在。“要么是非个人化的思想，要么是行为的‘影子’，或者是非实在的（substanceless）梦想”[③]。于是，③“精神生活是从逻辑上说也必须是公开生活的影子”，而“我们的个人存在是我们进行公开选择的意志的运动”。④“意志被孤立出来”，和“信念”、“理性”、“感觉”割裂开，变成“自我”的本质中心。[④] 这种观点在客观上破坏了“意识”本身的完整，因为“意志”、“信念”、“理性”、“感觉”都是“意识”的活动，都与反思意识密切相关。它们是互相交叉、互相作用的概念，不能以并列、相对的关系存在。

虽然汉普舍把“道德”看作是“清楚地思考，进而转向外部去处理和他人的关系”[⑤]，似乎和默多克所说的“澄清视景”颇为一致，但实际上却有质的不同。默多克指出，按汉普舍的观点，“道德”就像一种光顾商店的活动：我作为完全负责的“自由”进入商店，“我客观地评估商品的特性，并且我选择。我的客观性和辨别力越强，我能选择的商品数量就越大”[⑥]。这样一来，人的“行为”、“理性”就像采购活动，变成公共性的。

然而，“理性”是个人的“理性”，“行为”是个人“视景”促成的个人“行为”。汉普舍这种把“现实”与人对立起来的看法，等于把价值判断看作是个人意志才能行使的“特权”（prerogative），而他的个人意志则是纯粹的

---

① Iris Murdoch, “Literature and philosophy”, *Existentialists and Mystic*, 1997, pp. 28 – 29.

② Iris Murdoch, “The Idea of Perfection”, *Existentialists and Mystics*, 1997, p. 304.

③ Ibid.

④ Ibid.

⑤ Ibid., p. 305.

⑥ Ibid.

“选择”、“运动”，而非思想或“视景”。他实际上把人的内心活动排除在“道德”之外，用“好的”或“对的”等描述“行动”的词汇将“道德”简单化。在默多克看来，之所以会把承认现实看作诚实并把这种诚实看作基本的、甚至唯一的“德性”，就在于道德问题被简单化为客观性的“现实”和主观性的“意志”之间的事。

事实上，如果“现实”是默多克所认为的事物“如何存在”及“为何存在”，它就不可能像汉普舍们所设想的那样是敞开着等待我们发现的客观存在，因为解释“如何”、“为何”的人是我，而我的解释绝对不可能是纯粹客观的。换言之，“现实”总是提到它的那个主体所认识的东西，总是打着主观性的烙印。因此，“现实”并不是只要我们愿意就可以把握的客观存在，而且，“一个人永远不能完全了解现实”①：

（1）我们的“理性”或可认识“事实”，在“现实”面前必然捉襟见肘，因为“现实”不仅是一切“事实”的总和，而且远远超出了人的理性所能触及的疆域。因此，在默多克看来，哲学的任务并不是企图描述“现实”，而是要“检验我们思想的局限性”②。但是，人作为具有突破局限之潜能的“自由”，不能满足于了解可以证实、或得到证实的存在，而应该知道得更多，这就需要利用“想象”去“构想‘超出事实’的现实”③（参见第三章第二节以及本章后文关于“想象”的有关内容）。

（2）“现实”是偶然性的，而非一个直接呈现给“意识”的“所予的整体”。默多克在《反枯燥》（1961）中说，认识到这一点，就是对“偶然性”的尊重，而这对于与“幻想”相对的“想象”来说，具有本质性的重要意义。默多克所说的“想象”是“自由”的体现，虽然与“幻想”都是“想象力”的使用，但与“幻想”相对立，因为“想象”立足“现实”，而“幻想”逃避“现实”（本章及本书第三章均有论及）。

反之，对哲学上代表着终极结构的“形式”（form）的迷恋则有害于我们对“现实”的关注和认识，它不过是我们寻求“慰藉”的欲望的体现（这一点本书在第三章有所论及）。任何“形式”都不是迷恋它的人们所以为的那样具有本质性、终极性、不变性、真理性，而仅仅是迷恋者通过个人的“幻想”

① Iris Murdoch，“The Existentialist Political Myth”，*Existentialists and Mystics*，1997，p. 131.

② Ibid.

③ Iris Murdoch，“The Darkness of Practical Reason”，*Existentialists and Mystics*，1997，p. 199.

搭建的结构。维特根斯坦提出的“生活形式”（form of life）只是维特根斯坦自己的形式，而不可能成为被所有人认同接受的所有人的形式，否则就不会产生其定义上的模糊和阐释上的争议。而那些争议，又反映了争议者对其“想象力”的应用，试图建构或解构“形式”。

对“形式”的迷信和寻找（其实是在建构），反映了人们试图通过把偶然性的一切存在简单化（把它们幻想成非偶然的），从而一劳永逸彻底对其掌控的愿望或野心。无论是对于普通人还是哲学家而言，这种努力的实质注定只能是永远的徒劳。默多克指出，“真实的人是对神话（myth）的解构，而偶然性是对幻想的解构、并开启通往想象的道路”①。“偶然性”打碎了理性主义者编织的“理性万能”之梦，也打碎了康德们对“目的王国”的幻想——“现实是不完善的”②。

（3）既然“现实”不是“所予的”，即不是直接呈现给“意识”的，那么在其“间接”过程中势必会打上每一个“意识”的个体烙印——既然要经过主体的“间接”加工处理。换言之，每个人所谈论、思考的“现实”，都不是客观自在的“现实”，而是我们对各种存在的主观认识，都局限在各自的“视景”中，因此，“视景”的清晰程度决定着我们所以为的“现实”的可信程度。

一方面，无法摆脱的主观性永远妨碍我们对“现实”的看法；另一方面，“人类真的不能承受很多现实”③。“我们不是孤立的自由选择者，也不是我们所纵览之一切的统治者，而是沉陷于现实之中的愚昧造物——而我们总是不断地、不可抗拒地被诱惑着、用幻想扭曲现实的本质”④。默多克在哲学剧中借人物柏拉图之口指出，大多数人宁愿相信他们自己，也不愿去认真思考他人的存在，不愿去探索真实的世界；然而，“现实很难企及，但我们必须努力……”⑤。

默多克的小说创作是她本人探索“现实”的不懈努力，其小说人物则进行着各自对“现实”的孜孜探索。无论是其哲学研究还是小说创作，默多克的努力对社会上、文学中的现代人的现代病无疑是一剂良方。

---

① Iris Murdoch, “Against Dryness”, *Existentialists and Mystics*, 1997, p. 294.

② Ibid., p. 295.

③ Iris Murdoch, “On ‘God’ and ‘Good’”, *Existentialists and Mystics*, 1997, p. 352.

④ Iris Murdoch, “Against Dryness”, *Existentialists and Mystics*, 1997, p. 293.

⑤ Iris Murdoch, “Art and Eros”, *Existentialists and Mystics*, 1997, p. 490.

3. “道德”排斥“自我”

实现“自由”和提升“道德”在默多克看来是一回事，途径也一样。要实现“自由”，首先要看清“现实”；要看清“现实”，就必须澄清“视景”；要澄清“视景”，则应当去除“自我”（本书第三章第二节已经论述了默多克关于去除“自我”以澄清“视景”、从而实现真正的自由——“道德性自由”——的主张）。无论对“自由”还是“道德”而言，“自我”都被默多克视作最大的敌人，它的膨胀使我们看不清最应该、最需要看清的“现实”。对“现实”认识得越来越清晰，“自我”就变得越来越微小、越来越“无趣”①。

“自我”是作为哲学出发点的那个纯粹“意识”指向我自身而出现的“关于‘我’的意识”。作为自我谋划的存在，人不可能达到没有“自我”的状态。在默多克所说的“澄清视景”或“去自我”过程中，实际上也总是有“关于‘我’的意识”存在：不审视“我”，又怎么知道我的“视景”是否清晰、我的“自我”是否膨胀呢？

默多克所说的“去自我”，实质上是要去除被视为独立的实体的“萨特式自我”，以免陷入唯我主义（参见本书第三章第二节对“自由”误区的辨析部分中关于实体“自我”的相关内容）。尽管萨特们的意图是积极的，如默多克所说，“他们的目的是为了让我们意识到这个困境（predicament），从而使我们能够睁开双眼、诚实地从事人类了解世界并赋予世界以意义的天职（métier）”②（此处所说的“困境”是指存在主义者所说的人类的“根本困境”，关于这一概念以及人类的“天职”，详见本书第一章），但“自我”一经实体化，就产生了生活中各种常见的问题，不仅仅是“自大”、“自私”这种明显的唯我主义倾向，还包括“自卑”、“自虐”等负面心理（参见本书第三章“自我意识”部分对女人和黑人的“自我意识”较强的分析）。

这就是为什么默多克说，“澄清视景”所遭遇的最主要的敌人就是被称作“施虐—受虐”（sado－masochism）的这个“体系”（system）。理解了这一点，就不难理解默多克在《逃离巫师》（*The Flight from the Enchanter*，1955）、《钟》（*The Bell*，1958）、《大海啊，大海》（*The Sea，the Sea*，1978）等作品中所塑造的那些人物何以陷入“无法自拔”的迷障。所谓“无法自拔”，实质

① Iris Murdoch，“On ‘God’ and ‘Good’”，*Existentialists and Mystics*，1997，p. 355.

② Iris Murdoch，“The Novelist as Metaphysician”，*Existentialists and Mystics*，1997，pp. 103－104.

不是“无法”或“不能”，而是“不去”或“没有”自拔。对我的救赎，只有当我自己决心“自拔”的时候，才能得以实现。从来都没有什么救世主，我是我自己的耶稣！

唯有将“去自我”理解为防止将‘自我’实体化，才能理解在默多克那里“自我”怎么能够去除。“去自我”实质是突破、超越旧我，在这个意义上，“自我”可以理解为“自我局限”。默多克强调“去自我”，实际是在维护“意识”的活跃性，防止“意识”因其固有的“惰性”而变得黏滞、懈怠，也就是说，她所维护的，正是与“意识”共存的“自由”。这再次证明了默多克的理论：“自由”总是与“道德”相关的，两者是一回事（详见本书第三章第三节）。

从我对“现实”的认识活动中不难发现，在避免将“自我”实体化的“去自我”过程中，“意识”总是会指向“我”，换言之，在默多克所说的“去自我”过程总是存在着“关于‘我’的意识”——“自我”。此“自我”不是“去自我”中的那个实体化的自我。

人类是受必然性（如作为自然界的物种之一）、偶然性所限制的存在，这就是我们的处境。表现在：①无论是从整个人类还是从每个个体的角度来说，我们在世的存在都是极其短暂的，是有始有终的，而我们生存于其中的宇宙却是前不见开端、后不知终止的；如果宇宙是我们要了解的“现实”，那么，想要彻底澄清我们对此“现实”的“视景”则是不可能的任务。②我们的“理性”面对世界的“偶然性”，认识能力极其有限（参见本书第二、三章关于“理性”的内容）。③我们的“自由”不是绝对的自由，而是境遇中的自由（参见本书前三章相关内容）。比如，当山里的孩子想象飞机模样的时候，城里的孩子可能已经在制作飞机模型了。这种境遇的差别，势必导致“视景”的差别，也很可能影响澄清“视景”的能力上的差别。

在认识“现实”、澄清“视景”的过程中，必须清醒地意识到我们自身的这一“境遇”。当我们获得“视景”的同时，还应当自省“我这个‘视景’的获得是否受到我的‘境遇’的影响？那么我的‘境遇’是什么？它可能带来怎样的影响？我应当如何尽量突破我的‘境遇’的限制……”否则就会像廖冰兄所画的那个“坛子人”——之前被装在坛子里太久，以至于坛子被打破了，人还是维持着在坛子中的状态。最可怕的不是受局限，而是受着局限却意识不到局限的存在！

这种“自省”，是“意识”指向我自身的反思活动，必然产生“关于

'我'的意识"，即"自我"。但是这个"自我"只是反思活动的副产品，绝非默多克要去除的那个实体"自我"。由此我们便豁然明了默多克在《论"上帝"和"善"》中所表达的观点：如果道德提升如同一个好的"自我"和坏的"自我"的斗争过程，此过程通常包含"受难"（suffering），但是，①这种"受难"不是我们的目的，只是我们走向新境界的精神斗争所产生的"副产品"（by-product），因此，"受难"不是哲学研究的目的；②"受难"这一概念会混淆视听，把自己伪装成"净化"（purification）。[①]

显然，默多克剖析、批判的是广为接受的观念：通过精神上或肉体上或兼而有之的"受难"，可以达到灵魂上的"净化"。这无异于把通往"净化"过程中所产生的副产品——"受难"当成了原本的目的——"净化"本身，结果如同追逐自己尾巴的猫，不过是在原地团团打转罢了，根本无法向着目的地前进。这种观念在宗教（特别是广义上的基督教）上体现得尤为显著。默多克之所以认为对"上帝"的信仰在最初的时候有助于人们向"善"，但最终却妨碍人们真正向"善"，原因之一正在于此（下文对默多克关于宗教两面性的剖析有进一步论述）。

默多克小说中那些自己给自己找罪受、甚至大有自我牺牲精神的"受难"型人物，常常以得不到读者同情的死亡而告终。《亦圣亦俗爱机器》（*The Sacred and Profane Love Machine*, 1974）中的海瑞特可谓此类人物的经典代表。

用其丈夫布莱兹的话说，海瑞特的爱过于丰盛，以至于她忍受（suffer）自己无法释放的爱，就像妇女忍受哺乳期过多的奶水，并"为这一巨大资源却只有丈夫和儿子能直接受益而感到痛苦（suffer）"[②]。然而，所有被她的爱所"惠及"的人们对此并不感激，一个个逃离其"爱"之所及。大家对她的暴死不是悲伤和怀念，而是解脱与快慰。

海瑞特的"爱"和"受难"，绝非默多克所说的"去自我"，相反，其出发点恰是利己的唯我主义。①通过向他人强加她的"爱"而获得其不可或缺的价值感，从而获得其存在之"意义"。②在对待布莱兹情妇及私生子问题上，海瑞特通过自我牺牲般的"受难"获得安排他人命运的"上帝"般的权力感。默多克在《了解空虚》中一针见血地指出，"受难者是通过虐待他人、使他人苦恼的方式来倾诉自己的受难。一切存在都有一种倾向：行使其所处

① Iris Murdoch, "On 'God' and 'Good'", *Existentialists and Mystics*, 1997, p. 355.

② Iris Murdoch, *The Sacred and Profane Love Machine*, 1989, p. 18.

地位所带来的全部权力”①。

自始至终，她没有走出狭小的“自我”，没有尝试去看真实的世界、澄清自己的“视景”，而是自欺欺人、一厢情愿地营造着靠所谓的“爱”来运作的“机制”（machinery），并妄图将周围人都纳入她发明的“机制”中。当赖以生存的“机制”开始轰然坍塌，海瑞特如一只被围追堵截、走投无路的鸵鸟，还想把头往沙堆里钻——投奔她的哥哥，结果，默多克只好安排她被乱枪打死！

其“大快人心”的死，不仅是默多克对“受难”的否定，对通过“受难”获得“权力”的否定，也是对“自由”的肯定。作为“自由”，人们不会像零件似的安守在别人制造的大机器上，即便这是一架“爱机器”（love machine）；每个人不可能、也不能像机器那样一成不变地过活一世。“爱”不是抹杀他人“自由”的借口，这一观点默多克在小说中多有流露，譬如本书附录所解剖的《沙堡》。“爱”也不是抹杀自身“自由”的理由，海瑞特几乎一生都在戕害其与生俱来的“自由”，只不过美其名曰为“爱”罢了！

“自由”总是与“道德”相关的“道德性自由”。无论戕害谁的“自由”，无论用什么样的方式戕害“自由”，都肯定是不道德的。于己于人，海瑞特的所作所为都在破坏“自由”亦即破坏“道德性自由”，换言之，她绝不是有德之人。海瑞特自私的“爱”和“受难”，对他人而言无异于“爱的枷锁”。她活着的时候人们忙着逃避她，她死了之后人们急于忘却她！

默多克以“意识”为出发点的“去自我”，颠覆了过往人们把“爱”、“自我牺牲”、“受难”等作为“道德”实现手段和“德性”之体现的观念，表现在：①从根本上无情地打碎试图通过别人（譬如耶稣）的“代为受过”而获得自身“道德净化”的可鄙幻想，把道德提升的责任放回到每一个个体的肩上，使“道德”成为每一个“自由”不可逃避的生活内容；②否定了人们以为通过自身“受难”就可以达到“净化”的道德提升手段，使“道德”成为每个“自由”必须不懈反思的艰巨任务。

① Iris Murdoch, “Knowing the Void”, *Existentialists and Mystics*, 1997, p. 158.

第二节　“道德”的历程

默多克把人类概括为一种“构画自己并向此构画趋近的造物”[1]，其生命过程不仅是认识、肯定自身的运动，也是为自己设立目标、谋划自身未来的运动；不仅是人实现自由的过程，也是道德进步的历程；具体地说，是以现实为基础的一个学习、创造和追求的过程，而且，“这正是道德哲学必须努力描述、分析的过程”[2]。在这个过程中，自始至终不可或缺的，是关于真实世界的知识，它是我们与“现实”相联系的重要方式。

1. “道德”体现“知识”

（1）“知识”是一个非常复杂、微妙的概念。就生产知识的主体来看，知识在一般意义上或狭义上是指能够被传授、分享、具有一定普遍性的人类“意识”的产物；对于个体而言，知识则又包括每个人对其自身、其所处境遇以及其存在所涉及之他人等对象的认知，是每个“意识”的独特的主观性、主体性产物。姑且用罗素（Bertrand Russell, 1872-1970）的“摹状的知识”（Knowledge by description）和“亲知的知识”（Knowledge by acquaintance）来命名两者。对前一种知识的掌握，有助于获得后一种知识，以便在每个个体存在的现实生活中加以运用。

（2）就知识所涉及的内容而言，可大致分为关于“我”的知识和关于“非我”的知识。然而“非我”是一个很模糊的概念，对“我”而言，它之所以得以“出现”，是由于我的“意识”指向了它，产生了“关于‘非我’的意识”；尽管这一部分知识的认知对象相对于“我”来说是客观的，但我得到的这部分知识却不得不是主观的。关于“非我”的知识始终是非绝对的、是可疑的，其自身也应当是认知活动所考察的对象，这一考察又与关于“我”的那部分知识密切相关。

无论从哪个层面上说，以“意识”为存在根基的“知识”都不可能是实体，而必然是“是其所非”或“非其所是”，即始终处于变化中，向着真知趋进（详见本书第三章第一节关于“知识”的论述）。

---

① Iris Murdoch, “Metaphysics and Ethics”, *Existentialists and Mystics*, 1997, p. 75.

② Ibid.

然而，默多克指出，“我们的哲学传统，从笛卡儿到最近期，一直被名为‘思’（cogitatio）的这一实体纠缠着”，“这个实体被每个人所私有，被看作是一种现象，其所有者关于它的‘知识’是可靠而确凿的”①。于是，“知识”不再是我们需要不断考察、反思的对象，而成为固化的标准、依据。这不仅是将“思”实体化的笛卡儿们的问题，也是将“我”实体化的胡塞尔们的问题，同时也是虽然论证了“意识”的虚无性、却仍在实际操作中把“自我”、“知识”实体化的萨特们的问题。

只有保持“知识”的非实体性，才能使它成为包容人类一切精神产品的概念，才能够维护“意识”的完整性。反之，对“知识”的实体化，不仅取消了“意识”永不停歇的自反（reflective）的活跃性运动，亦即抹杀了“意识”与生俱来的“自由”，而且势必人为地将“意识”割裂成不同部分甚至使之互相对立，从而导致认识上的误区，譬如将“道德”和“知识”分属于不同领域，又把“知识”等同或归属于“科学”。

如果说我们的“认知”（to know）是“意识”指向对象的活动——“指”，那么“知识”就是关于“所指”的意识；凡是人类脑力活动的结果，都属于“知识”范畴，“知识”由于“意识”的“所指”有所不同，可分为不同的领域，如“科学”和“道德”。“知识”涵盖了“科学”和“道德”，而非归属或等同于“科学”或“道德”。“道德”和“科学”作为“知识”的不同“所指”领域，两者或许有交叉，但不能也不可能互相取代或一方完全包括另一方。用默多克的话说，“科学可以在某些地方指导道德、改变其方向，但它既不能包括道德，也不能包括道德哲学”②，毕竟，“在我们是科学工作者之前，我们是人，我们是道德行为人”③。

默多克指出，“该问题的重要性更易被那种把自由和知识分离的哲学所忽略”，把“知识”当作所谓“非个人的理性”而扔给科学领域④。这是萨特所犯的浪漫主义错误之一：他所谓的“自由”，是“对科学的一种头脑简单的信念，再加上这样一种设想：我们完全是理性、自由的”⑤，而这两点都是不可靠的。在默多克看来，道德的目的是让人生活得更好、更和谐，而科学虽然

---

① Iris Murdoch, “The Idea of Perfection”, *Existentialists and Mystics*, 1977, p. 306.

② Iris Murdoch, “The Idea of Perfection”, *Existentialists and Mystics*, 1997, p. 321.

③ Ibid., p. 326.

④ Ibid., p. 321.

⑤ Iris Murdoch, “The Sovereignty of Good”, 1989, pp. 27 – 28.

能在某方面给人类带来益处，但另一个可怕的事实也同样存在："今天，科学很可能更易让我们焦虑而非自豪，不仅因为我们现在有能力炸掉自己的星球，也因为足以为奇的是，空间旅行不能让我们觉得自己像神，反倒令我们感到相当狭窄与恐惧。"①

默多克的一切重要概念都与其所谓的"知识"有关："爱是个体的知识"②；"自由本身是一个道德概念，而不仅仅是道德的前提条件，它不能与知识相脱离"③；"艺术通过对摹状的知识和亲知的知识的精心融合，消解了哲学的工作"④；"自由是了解、理解、尊重我们之外的存在。在这个意义上，德性可被理解为知识，将我们与现实联系起来"⑤。

事实上，通过这一非实体化的"知识"概念，默多克把"意识"与其"对象"紧密联系起来，把人与其外在和内在都紧密联系起来。表现在：①一切都是我需要认知的对象；②我认知所得的"知识"有助于澄清我的"视景"；③"视景"的澄清有助于我做出恰当的回应、更好地实现我真正的"自由"；④我实现真正的"自由"，实际上就是实现了我的"道德"提升；⑤人的一切存在都是"自由"和"道德"的体现，一切都应当作为我的认知对象，成为我的"知识"一部分（其中包括"他人"）。

默多克反对将"知识"与"道德"割裂，认为"康德错在把德性排除在知识之外"⑥。在这个问题上，她接受了古希腊经典的看法，认为"知识"与善恶相关。我只能在我所见的世界中进行选择，亦即人只能在其现有思想水平指导下行动。不妨借用一下拉斐尔的例子：小孩因为疲劳过度反而不想睡觉的时候，他自认为不想睡觉与疲劳无关，但经验丰富的父母却比他知道得更清楚，因此作出的决定——让他去睡觉——也就更正确，正如医生比病人、登山老手比新手知道得更清楚一样。可见，以个人意志为基础的价值观靠不住，唯有知识的增长才是使人更道德的途径。一种行为、一种思考是行为者、思考者知识水平的体现，无论他做什么、怎么想，是因为她/他认为"可以"

---

① Iris Murdoch, "Existentialists and Mystics", *Existentialists and Mystics*, 1997, p. 226.

② Iris Murdoch, "The Idea of Perfection", *Existentialists and Mystics*, 1997, p. 321.

③ Ibid., p. 330

④ Iris Murdoch, "The Fire and the Sun", *Existentialists and Mystics*, 1997, p. 414.

⑤ Iris Murdoch, "The Sublime and the Beautiful Revisited", *Existentialists and Mystics*, 1997, p. 284.

⑥ Ibid.

如此做、如此想，判断是否可以的标准或基础，正是其“知识”，从这个意义上说，“恶”即“无知”；反之亦然。

不过，作为“意识”的产物，“知识”不是确凿的、可靠的，而是需要不断反思、提纯的，认识到这一点，就认识到人类（“理性”）的局限性和“知识”的无限性，就会明白为什么默多克认为：①澄清“视景”、“去自我”、关注“现实”是实现“自由”的途径，也是实现“道德”的途径；②视自己为虚无、关注他人和世界的“谦逊”是一种美德；③以“现实”为基础的“想象”是“自由”，而脱离“现实”的“幻想”是“自由”和“道德”的敌人。

默多克反对将“他人”排斥在“知识之外”，认为“黑格尔错在把德性放入排斥他人的自我知识（self-knowledge）中”。[①] 把他人看作我不断更新“知识”所需要了解的对象，是默多克对我与他人如何和谐共处的问题的独到理解。

默多克和萨特的哲学都以虚无的“意识”为出发点，在最根本的观点上分歧不大，但在如何看待“他人”方面却大相径庭。萨特视“他人”为外部世界的一部分，处处与我作对，是妨碍我实现自由的障碍，尽管他在描述第三种意识模式“为他的存在”时，生动揭示了我与他人注定共生的微妙关系，但实际操作时却为了夸大自我意志而“忘记”了这一事实，竟然得出自相矛盾的结论——尊重他人自由归根结底只是句空话。于是，“他人”在萨特那里——正如默多克所批评的那样，是萨特厌恶、恐惧的对象，遑论和谐共处。这个矛盾被默多克的“知识”迎刃而解。

不论是“他人”的存在还是“他人”与“我”的关系，都是“我”应当努力了解的知识内容。于是，“我”关注的焦点从微不足道的乏味自我，投向由无数“是其所非”或“非其所是”的“自为的存在”所构成的现实社会——一个由绝不雷同的无数个体构成的千变万化、丰富复杂的精彩世界。从突破狭隘自我牢笼的意义上说，这是“自由”的实现；从关注“现实”、澄清“视景”、“去自我”、从以自我为中心转向以他人为中心的层面上说，这就是“道德”的实现！

---

① Iris Murdoch, “The Sublime and the Beautiful Revisited”, *Existentialists and Mystics*, 1997, p. 284.

2. “道德”需要“想象”

前文已多次辨析过默多克的“想象”和“幻想”。①前者是对“意识”所具有的“想象力”的良好使用。在默多克看来，“想象”就是“自由”，“幻想”则是对“想象力”的不良使用，譬如臆造脱离现实的“形式”，不仅不是“自由”，反而是“自由”的敌人；②“想象”帮助我们认识“现实”、实现“自由”。既然“自由”和“道德”是一回事，那么，“想象”也有助于我们实现“道德”，“我只能在我能看的世界中进行选择。从道德层面上说，‘看’意味着清晰的视景是道德想象和道德努力的一个结果”[①]。

如果说“事实”是指可以被我们验证的、“看见”的对象，那么“现实”则是作为一切存在的总和（totality），复杂、多样、神秘，不是“所予的整体”，而是包含“事实”但远远大于“事实”的偶然性世界。对于超出“事实”之外的更广阔的无法验证的部分，我们就只能通过以认识“现实”为目的的“想象”（而非“幻想”）来努力接近。譬如天文学关于宇宙的探索、推理与推测。①通过探索，发现可验证的“事实”；②以“事实”为依据进行合乎逻辑的推理，因其基础是“事实”，其论证结果也常常能作为“事实”来接受；③在推理的基础上，科学家则需要发挥想象力进行尚无法验证的推测，由于其目的是在现有“事实”基础上最大程度地趋近“现实”——求真，而非织造满足个人喜好的梦境。因此，这种想象力，是“想象”而非“幻想”，正是人作为“意识”而与生俱来的“自由”的体现。

“作为人，应当知道的要比能验证的多”[②]，我知道得越多，那么，①对现实的认识就越清晰，因而就越道德；②选择范围越大，越能实现自由。理性的势力范围只覆盖“看得见”的部分，对于“看不见”的部分，需要“想象力”的帮助。事实上，“我们所面对的世界并不仅仅是‘事实’的世界，而是我们的想象力从一开始就参与其中的世界”[③]。在所说的“想象力”中，既有“想象”，也常常包含“幻想”。

“想象”是“一种感知、传递真实的不断更新的能力”[④]，可见，它是对

---

① Iris Murdoch, “The Idea of Perfection”, *Existentialists and Mystics*, 1997, p. 329.

② Iris Murdoch, “The Darkness of Practical Perfection”, *Existentialists and Mystics*, 1997, p. 199.

③ Ibid.

④ Iris Murdoch, “Art is the Imitation of Nature”, *Existentialists and Mystics*, 1997, p. 256.

局限性的突破，因而是“自由”；而它的基础是对“现实”的认识和认识“现实”的愿望，有助于人们接近“现实”，又是趋向“道德”的。与之相对的“幻想”是以自我为中心的意志或意愿的体现，只能使人偏离、远离“现实”，妨碍我们实现“自由”，亦即妨碍我们提升“道德”。然而，“幻想”力量强大，因为人类天性需要靠“幻想”制造出自我慰藉的梦境，以逃避不想看到的“事实”、“现实”。

因此，艺术作为人类想象力的成果，在默多克看来也总是与“道德”相关的，“文学浸润于道德中，语言浸润于道德中，虚构的人物在道德氛围中游弋”①。好的艺术是运用“想象”的结果，坏的艺术则是“幻想”的产品。“想象”和“幻想”并非泾渭分明，而是会互相转换，要战胜“幻想”，需要我们的“道德努力”，即把“想象力”向“想象”引导。可见，“想象”、“幻想”总是与“道德”相关的，所以默多克认为，“让年轻人的道德想象匮乏是危险的”②。

发挥“想象”的过程，实质是一个“去自我”、澄清“视景”的过程。默多克 1959 年说，“真正的崇高”是我们在托尔斯泰、莎士比亚作品中所体验到的无我境界。这种“无我”与“自由”和“道德”的实现完全一致。艺术作品的伟大，决定于作家心灵的伟大，亦即无我。换言之，能够以他人的立场看世界、考虑问题。倘若莎士比亚囿于狭隘的“自我”中，他就不可能如此生动地体会到奥瑟罗、夏洛克、朱丽叶、鲍西娅等经典人物的生动人性。这种把“意识”的关注对象从“自我”转向“他人”的境界，就是“道德”境界。

伟大的艺术家被默多克视为“善良的人”，也是真正意义上的“自由人”。“善良的人”在默多克看来，“必须了解与其环境有关的具体事物，最显而易见的就是他人的存在以及他们的需求”③。但凡阅读过其作品的读者，都不能不用“伟大”一词来形容莎士比亚：没有伟大的心灵，写不出如此伟大的作品！

实际上，“想象力”是人作为“意识”这种特殊存在所固有的功能，而且伴随其在世生活。所谓“自我谋划”、“信念”、“信仰”，无不是“想象力”

---

① Iris Murdoch, “Art is the Imitation of Nature”, *Existentialists and Mystics*, 1997, p. 254.

② Iris Murdoch, “A History of Theory”, *Existentialists and Mystics*, 1997, p. 181.

③ Iris Murdoch, “On ‘God’ and ‘Good’”, *Existentialists and Mystics*, 1997, p. 347.

在发挥作用。当这一切建立在“幻想”而非“想象”上，粗略地说，“自我谋划”可能是“好高骛远”，“信念”可能只是“白日梦”，而“信仰”则大多是“迷信”。这一切的实质不是“自由”的实现，而是“自欺”——是萨特所说的“不诚实”，也就不可能实现“道德”进步。

但“想象”和“幻想”之间的界限是模糊的，而“意识”的闪动性使“想象”和“幻想”会发生变化和转换。即便在伟大的莎士比亚的作品中，仍然有“幻想”的内容。如何把“想象力”引向、并保持为“想象”，不仅需要“道德努力”，而且需要终生努力，因为“意识”自身的特性决定了它不可能真正稳定，更不可能永远停留在某个状态——人的一生是斗争的一生。

默多克致力于清除“想象力”中的“幻想”成分，和她对其他概念的清洗目的一样，是为了把所有的概念都以“现实”为轴心统一起来，使它们摆脱以前似是而非甚至有所矛盾、难以自圆其说的分裂状态。以“意识”为共同出发点，敦促每一个人自己担负起实现自己“自由”、“道德”的责任，使之再也找不到逃避的理由和藏身之地。

3. “道德”择取“信念”

人作为“自为的存在”，其在世生活注定是创造“意义”并追求其所创造的“意义”的道德诉求过程（详见本书第三章第三节）。换言之，创造“意义”并追求“意义”的过程，始终与“道德”相关，亦即“道德”的实践过程（不能忘记：也是“自由”的实践过程）。我们的一生，总的来说是一个道德历程，简言之，是培养、修炼个人德性的历程。

“信念”（belief）——其至高形态就是所谓不需证明、只消相信的“信仰”（faith）——则是全部“意义”中最为根本的“意义”，即保罗·蒂利希所说的“终极关怀”——使一切“意义”有了意义的那个“意义”（参见本书第一章关于“焦虑”的内容）。显然，作为“意识”所创造的“意义”，①“信仰”的根基是虚无，不可能是“物”或先验存在，其特征必然与“意识”相同——“是其所非”或“非其所是”；②“信念”是以每个“意识”的“相信”为前提的，必然具有其个人性，且无法清除。

在“相信”这个运作过程中，“想象力”发挥着作用，因为它所处理的对象并不一定能被证明：如康德所说，“相信（to believe）仅仅意味着接受某种我用逻辑（logically）尚不能确定的东西。而信念（belief）也是凭实际经验足以被当作真（holding-to-be-true）的东西"[①]。"想象力"可能是有现实基础的"想象"，也可能是脱离现实的"幻想"，或两者兼而有之。

在默多克看来，"幻想"的能量似乎更为强大——"任何具体的信仰都可能表现为'仅仅是空想的'"，因此，"要把个人成分从我们所遭遇的这个世界中'净化'掉"[②]，是不可能的——人作为"意识"（精神）和"物"（肉体）的存在所具有的特性注定了"客观性和无私不是人类的天性"[③]；"也没有任何我们应该如此的理由"[④]——否则"信念"、"信仰"就无从谈起（关于人作为"意识"和"物"的存在所具有的特性，参见本书第三章对"'自由'的误区"的辨析）。

默多克仔细考察了作为"信仰"而存在的宗教（以广义上的基督教为主），因为"宗教总是与道德和社会行为相关"[⑤]，事实上，"过去道德哲学一直被与宗教有关的思想哺育和支撑着"[⑥]，而"上帝"则是宗教的关注中心。在她看来，当"上帝"成为被关注对象，它就在心理层面上成为一个强大的能量之源，且往往是善的。这主要是因为"关注对象"客观上成为关注者的"所为"（for），即趋向目标或存在意义。其实，把我们的关注聚焦在有价值的对象上，譬如"有德之人、伟大的艺术、'善'之理念"也会有类似的功效[⑦]。

"上帝"这一关注对象之所以能量强大，说明：①"信念"对于人类而言具有不可或缺的重要性，一旦人无"所为"（for）——积极追求的目标或"意义"，人生也就无所谓了——毫无意义，譬如局外人莫尔索；②只有当"信念"具有不可企及、不可证明、不可把握的特征时，其能量才能持久、强大（关于第二点，详见本章第三节关于"善"的论述）。

默多克认为，人类对宗教的信仰，看起来是对"上帝"的崇拜，本质却反映了我们对"善"的欲求，即她在《艺术与厄洛斯》哲学剧中借苏格拉底

---

① 转引自［英］尼古拉斯·布宁，余纪元．西方哲学英汉对照词典．第118页（自译）

② Iris Murdoch, "The Darkness of Practical Reason", *Existentialists and Mystics*, 1997, p. 199.

③ Iris Murdoch, "On 'God and 'Good'", *Existentialists and Mystics*, 1997, p. 341.

④ Iris Murdoch, "The Darkness of Practical Reason", *Existentialists and Mystics*, 1997, p. 199.

⑤ Iris Murdoch, "Above the Gods", *Existentialists and Mystics*, 1997, p. 499.

⑥ Iris Murdoch, "Existentialists and Mystics", *Existentialists and Mystics*, 1997, p. 230.

⑦ Iris Murdoch, "On 'God' and 'Good'", *Existentialists and Mystics*, 1997, p. 345.

之口所说，“想确定善就存在于现实之中”①。但是，“上帝”比“善”更能起到真正的安慰和鼓舞作用，因为对于需要慰藉的人来说，让她/他去爱“上帝”、爱某个具体的人，比让她/他去爱“善”、去爱一个概念更容易理解，像舍斯托夫所说，“不知何故，对人来说，偶像比上帝更亲近、更好理解”②。“上帝”、尤其是当“上帝”被想象成一个人，更容易将信仰者的思想聚焦在作为“非我”的对象上，“这种结果对人类来说非常自然”③。只要我们还是创造、追求“信念”的存在，我们就始终需要作为一种“信念”的“善”，即使仅仅在这个层面上，宗教也会“永远与我们同在”，而“我们将继续把它再造成我们能够相信的某种东西”④。

然而，宗教并不能从根本上解决人的“信念”需求，因为“对上帝的信仰可能会影响一个人思考事物的方式”，却“不会提供任何走出困境的便道”⑤，甚至会妨碍“善”的追求。毕竟在对“上帝”的信仰中，“想象力”很容易堕入脱离现实的“幻想”。默多克在《诸神之上》和《艺术与厄洛斯》两部哲学剧中，通过柏拉图、苏格拉底、提蒙纳克斯、曼提阿斯等人对“宗教”针锋相对的两种立场，含蓄但深刻地揭示了宗教的正负两面性。

一方面，宗教是“道德”的朋友。表现在：①“宗教就是知识”，是“关于善恶的知识”⑥；②“宗教是对善的热爱和崇拜，而这是道德真正的基础”⑦；③作为一种社会现象，宗教能够起到有效的“稳定”（stabilising）作用⑧；④宗教使人相信生活是一个“整体”（a whole），即“善、道德和义务处处皆在”，因而让信教者“觉得一切事物都重要，每一秒都重要”⑨，客观上使人的关注焦点从“自我”转向“非我”，具有默多克所主张的“去自我”的功效。

另一方面，借提蒙纳克斯之口，默多克指出，“道德的基础是让人更快

---

① Iris Murdoch, “Art and Eros”, *Existentialists and Mystics*, 1997, p. 481.

② ［俄］列夫·舍斯托夫．“绝对”．雅典与耶路撒冷．张冰译．上海：上海人民出版社，2004. 300

③ Iris Murdoch, “On ‘God’ and ‘Good’”, *Existentialists and Mystics*, 1997, p. 345.

④ Iris Murdoch, “Art and Eros”, *Existentialists and Mystics*, 1997, p. 480.

⑤ Iris Murdoch, “The Existentialist Political Myth”, *Existentialists and Mystics*, 1997, p. 143.

⑥ Iris Murdoch, “Above the Gods”, *Existentialists and Mystics*, 1997, p. 523.

⑦ Ibid., p. 519.

⑧ Ibid., p. 501.

⑨ Ibid., p. 508.

乐、更自由、更好、更平等、更宽容、更真诚、更公正”，而“宗教是道德的敌人”，“任何依赖谎言的东西都必然如是”①。剧中，提蒙纳克斯尖锐地指出：①“宗教是不道德的，它阻止人们思考如何改变社会”，“宗教一直是反动力量，它使人们懒惰、愚蠢，它给他们的堕落生活带来慰藉，他们可以想着天堂而不关心改变世界”，“它使真正的道德变得不可能”②。②用曼提阿斯的话来说，宗教是“权威的意象”（an image of authority），使人们认为服从是理所当然的事，“这是政府的奥秘，即人们将服从他人，而且是多数服从少数”，而“服从”是“所有神话中最重要的”，因此“没有哪个明智的政治家会摧毁宗教”。反之，“对国家而言，没有什么能比它——一种被广为接受的宗教——的消失而更具灾难性了”，因为“这个政府的神话一旦动摇，国家就堕入无政府状态”③。

无论是默多克对宗教是肯定还是批判，其出发点都围绕着“道德”。人作为“意识”的存在，其“是其所非”或“非其所是”注定她/他的在世生活有所追求、有所趋向，在此实现“自由”、提升“道德”的过程中，一个足够坚定的“信念”是不可或缺的——能够提供生存的强大动力。宗教的积极面肯定了“上帝”（一个被普遍接受的信念）作为“信念”的可行性、合理性，但宗教的消极面却否定了它作为“信念”的可靠性、终极性，因为它客观上妨碍了“自由”，纵容“意识”的惰性，与“道德”背道而驰——既然“自由”实践和“道德”提升是一回事。

“上帝”不仅妨碍“自由”，而且妨害“道德”，也就不满足成为默多克的“道德”所需要的“信念”。只有能够既维护默多克式“自由”，又维护默多克式“道德”的“信念”，才能成为默多克式“道德”的核心，这就是默多克所认为的“善”。就像雅各斯（Alan Jacobs）所说，宗教或上帝，只不过“是这个绝对善的意象或替代，在我们趋向完满时或许有用。但是，因为我们人类天性倾向于用意象取代现实，所以，指向目的地的路标甚至对上帝的崇拜，可能会使我们偏离真正的追求”。在默多克看来，“善代表现实，上帝则是关于现实的梦”，因此，“我们可以没有上帝，但不能没有善”④。

---

① Iris Murdoch, “Above the Gods”, *Existentialists and Mystics*, 1997, p. 504.

② Ibid., pp. 503 – 504.

③ Iris Murdoch, “Art and Eros”, *Existentialists and Mystics*, 1997, p. 481.

④ Alan Jacobs, “Go（o）d in Iris Murdoch”,（c）1995 *First Things* 50（February 1995）: 32 – 36.

第三节　“道德”的信念

人作为“意识”的存在，其“虚无”和“自由”注定了她/他的在世生活无法彻底清除“焦虑”，我们的面前只有两个选择：积极抑或消极地对待它。无论是积极还是消极态度，解决途径只有一个——确立“意义”，亦即为自己的活着找个理由、找个目标/寄托。

所有的“意义”之所以能够有意义，是因为作为终极意义的“信念”的存在，换言之，“信念”是一切“意义”的根基。没有它，一切“意义”将无所依附，不是毫无意义，就是飘摇不定、朝生夕灭。因此，能够作为“信念”的这个“意义”，除了具有可信性，还必须具有不可企及、不容置疑性。惟其如此，它才能成为驴子鼻尖前面的那根胡萝卜，使驴子的志向——“我要向前走”（也是一种“意义”）——有了意义，从而使驴子的活着——在世生活——有了理由、目标/寄托。胡萝卜作为驴子的信念，为驴子提供了强大的生存动力（参见本书第三章关于“‘自由’对‘意义’的道德诉求”部分）。

宗教就是一根胡萝卜。这种无需证明甚至不容证明（要求证明就是对“上帝”的怀疑，即是不敬、亵渎。约伯的故事说明了这一点）的“信仰”（faith），其不需证明、不容证明的“神性”堵住了人类好问的嘴，从而成为“毫无疑问”的“信念”，在人类生活中发挥了极大的“意义”功能。简单地说，“神性”（或曰“确定性”）主要靠三个手段加以护持。

（1）宗教仪式。“仪式”是宗教的袈裟，一旦这种“信仰”脱掉袈裟，就会露出“信念”的裸体；反之，穿上袈裟，“信念”自然就荣升为宗教式“信仰”。“仪式”的进行需要“组织”来主持，“仪式”越发达、隆重，“组织”就越庞大、强大。“组织”往往成为所谓的“俗世”中的社会势力，它持续发展的结果是：不仅介入一般意义上的道德生活，还介入政治经济生活；从关心永恒的精神世界开始，最后落到纷争的物质世界之中（臭名昭著的宗教裁判所、十字军东征就是这种变化产生的恶果）。

（2）拒绝回答任何会让自己陷入哑口无言、难堪境地的问题。每一个宗教的早期先知无疑是智慧的，不如索性把他们看作参悟到世界人生某些真相的哲学家。但是，他们不像哲学家那样事必躬亲、搜肠刮肚地尝试回答一切问难，而是谦卑地手指苍天、面不改色地承认“我不知道”，把“奇迹”

(miracle) 或“只有全知全能的主知道”推出来做挡箭牌。这和我们常说的“鬼知道”或“天知道”是一回事。区别在于他们用神圣庄严的方式，而我们则自暴自弃地耸耸肩。

(3) 先知们或宣道者们的“谦卑”也能为“神性”添砖加瓦。和哲学家不同，他们绝不会把头脑的产物说成是自己的，而愿意匍匐在自己的创造物脚下，把一切荣耀归功于后者。这个秘密是先知们死也不会昭告天下的，否则，教徒们不仅不再相信主，还要质问先知何以见得，同时不排除一小撮人会把先知们当成精神病或者邪恶之徒来修理修理。哲学家过于老实，他们承认那套东西只是自己的造物，并且有不少哲学家还过分严谨——不停地对创造物修修改改，于是人们便说：“凭什么要我相信你的破玩意儿!”当哲学家顶着罐子做戏的时候，先知们被万众顶礼膜拜。

然而，我们不应当反对宗教。人或许是地球上唯一需要信念、没有信念就活得不自在的动物。对于没有信念、终日惶惶然的人们，宗教比仙丹更管用。默多克在哲学剧中让古希腊先哲围绕宗教进行争论，就是为了说明宗教的复杂性。尽管她看到了宗教与“道德”的血亲关系，却否定了“上帝”作为“终极意义”或“信念”的道德性——太多谎言。

必须有一种“信念”，既像宗教一样能量强大，又能把“思想”(to think) 的权利从垄断者那里要回来，归还给每一个“意识”，并且始终维护“意识”活跃性(“自由”)和目标趋向性(“道德”)。这就是用默多克式的“善”取代“上帝”的“信念”。这种“信念”若想具有和宗教信仰一样强大的能量，这个“善”就必须至少和“上帝”一样，甚至比“上帝”更有“说服力”。

1. “善”的意象

默多克在《火与太阳》中指出，柏拉图用“太阳”作为“善”的“形式”，认为“真理”(truth) 在太阳光芒照射下才得以显现，向我们揭示生活之源——迄今还看不见的世界。“真正的自知者 (self - knower) 在太阳的光芒下，了解了现实，并看到了作为此整体世界一部分的他自身”①。

现实人生在柏拉图看来，如同囚禁在阴暗的洞穴中。最初人被锁链面朝洞壁地捆绑着，只能看到其身后火光投映在洞壁上的真实存在（包括他自身）

① Iris Murdoch, *The Fire and the Sun*, Existentialists and Mystics, 1997, p. 423.

的影子，经过努力转过身来，才看见火和真实的存在。人继续向洞外摸索前进，终于看到了在太阳光芒照耀下清晰可见的洞外世界，一个真正的世界；抬起头，看到了太阳本身。人从最初的只能看到影像，到最后看到太阳，无异于向“善”的道德朝圣历程；只有在“善”的照耀下，人才能看到真实世界。

这一思想被默多克所接受。柏拉图所说的真实世界，就是默多克所说的“现实”；从最初的被困到最后走出洞外，就是默多克所说的澄清“视景”。挣脱枷锁、看到真实世界，无疑是实现“自由”的过程。此过程的实质是“道德”的进步，其结果是企及了“道德”的至高境界——“善”。“善”也是对道德努力——或“道德性自由”的努力——的最终的、至高的奖赏。对“自由”的追求和对“道德”的追求是同一条道路，最终的结果是“真”与“善”的结合，而“善”又是终极目的：求“善”可以见“真”，求“真”可以趋“善”。也就是说，①“善”只有与“现实”（“真”）合二为一，才能稳稳当当地在前方召唤我们趋近；②“善”并不等于“现实”，“善”的意义在于促使我们能够看清“现实”或“真”。

但是，默多克与柏拉图的不同之处在于，她认为柏拉图的“善”过于理想化。“善本身是不可见的”，就好像尽管“我们确实或多或少知道太阳在哪儿”，却很难想象注视着它将会是怎样的状况。“也许的确只有善人才知道那会像什么样子，又或者注视太阳可能会让人眼花缭乱，结果什么也看不见”①。就好像直视太阳不仅看不清太阳本身，还可能导致失明。所以，③默多克所理解的“善”实际上是无法企及的，既像太阳似近实远地悬在我们的头顶上，又像胡萝卜不远不近地吊在驴子鼻尖前。

不仅如此，在《理想国》所假想的世界中，“真正真实的东西都是和谐的，并且我们能够理智地去尝试了解我们自身和这个世界”②。似乎通过理性的努力，人类最终能够达到精神上的同一或统一，即看见象征普遍原则的“太阳”或“善”本身。然而，“生活中固然有很多样式和目的，却没有哲学家、神学家们过去惯于寻求的、从外部得到保证的那种样式或目的”，虽然

① Iris Murdoch, “On ‘God’ and ‘Good’”, *Existentialists and Mystics*, 1997, p. 357.

② Iris Murdoch, “The Fire and the Sun”, *Existentialists and Mystics*, 1997, p. 451.

“我们的命运可以被考察，但不可能被论判或彻底解释。我们只是在此存在罢了”[1]。人作为虚无的“意识”，生活在偶然性、差异性的世界，亘古不变、万众皈依的“信念”根本不存在。

“太阳”不过是“善”的形象化比喻，真正的太阳是能够以其自身显现其存在的，是其所是的“物”，而“善”却并非如此。作为“相信”（to believe）的对象，“善”的出现前提是“意识”的“指向”活动，只有当“意识”指向“善”，它才成为“信念”所趋向的目标，这个被“意识”所指向的“善”，④绝不像柏拉图所以为的那样是纯客观的外在，即“善”所引领的“道德”不是外部存在。换言之，对“善”的追求并非服从外在力量，“道德”也并非“自由”的克星。即便所有的“意识”都承认“善”的存在并趋向它，每个“意识”所理解的“善”也只是每个“意识”本身所理解的、故受到主观性限制的“心中的太阳”，而非那个洞穴外的“太阳”；⑤一个绝对的、明确的、人人认同的“善”的定义，是不存在的。

2. “善”的特性

对“善”的趋近，不仅体现了默多克所理解的“自由”、“道德”，也体现了她所理解的“知识”、“想象”，以及“现实”、“视景”等概念。“善”由于和真实世界相关而具有微妙复杂的性质，并非全然内在于心，因而是可以由我们个人随便定义的概念。默多克再次采用比喻的方法来说明这一点：“‘善’是以和‘红’同样的方式拥有意义的。”[2] 那么，“红”是主观的还是客观的呢？

根据彼得·吉奇（Peter Geach）的理论，“一栋红房子”可以被分析为“这是一栋房子并且它是红的”，但“一位好母亲”则不能分析成“她是一位母亲并且她是好的”，因为她作为母亲或许是好的，但在其他方面也许不好。可见，“红的”是可以独立成义的断定性（predicative）形容词，而“好的”则只能是与某一指向物相关联的归属性（attributive）形容词。他认为，在“一个善的×”中，“善的”的含义与它所修饰的名词×有内在关系，并且至少部分地由后者决定，因此，应当通过考察作为整体的这个短语来研究

① Iris Murdoch, The Sovereignty of Good over Other Concepts, *Existentialists and Mystics*, 1997, pp. 364－365.

② Iris Murdoch, “Vision and Choice in Morality”, *Existentialists and Mystics*, 1997, p. 82.

"善"，对不同种类的×——外在于人的客观存在物——进行不同的理解。

这种用自然特性对"善"加以界定的做法，被摩尔斥为"自然主义谬误"。他的论证方法很简单。说"×是善的"，可以引出"但是，×真是善的吗"这个问题。这个问题表明，"善"既可以附着于×，也可以从它那里抽离；"善的"×因为碰巧被附着而具有这方面的意义。但是，如默多克所说，×这个物自身"没有参与其意义的构成"①。因此她认为，仅仅就摩尔把问题"'善的'意味什么?"与问题"什么东西是'善的'?"分离开来的这一研究方式而言，他是十分正确的，使我们看出"善"和客观存在的物必定不是同类，亦即"善"不是外在于人的客观之物。

然而，对"善"的认识不能因此倒向另一个极端，把"善"看作人随心所欲地"给世界黏贴的活动标签"②。我们不妨也以色彩为例，视力正常的人在正常春季的正常光线下会看到自然的草原是绿色的，虽然有赖于人眼所具有的结构及其功能，不能说"绿色"是存在于草本身之中的客观存在，但至少说明草本身有某种客观存在的东西能够使它在人眼中显现为绿色，而不是其他颜色。而且，就像拉斐尔说的那样，即便色盲者坚持认为绿色和红色没有区别，我们还是可以利用仪器把两者的波长差异显示给他看，足见"红"或是"绿"并非我们凭借自己的"自由"就能随意决定的。以此类推，和色彩在本质上相似的默多克式的"善"，虽不是外在实体，但绝非纯粹虚无的概念臆想。

"善"的存在像"红"一样确实，又像"红"一样难以定义和描述，譬如向盲人解释何为红色，或是要确定何为绝对标准的红色；甚至比定义、描述"红"更为困难，除非有一种像测量波长那样，能测量纷繁复杂的偶然性、无限性的现实的仪器或别的什么东西。

"善"的特性表明它实际上是难以描述、无法界定的，因而是神秘的，正如宗教中的"神"，譬如"上帝"。

3. "善"的神秘

由于"善"既有客观性的一面，又有主观性的一面，就①既"沾染"了世界的"偶然性"，又不可避免地受到"意识"的虚无性的影响。A. "理性"

① Iris Murdoch, "Metaphysics and Ethics", *Existentialists and Mystics*, 1997, p. 59.

② Iris Murdoch, "The Idea of Perfection", *Existentialists and Mystics*, 1997, p. 301.

无法真正君临于“偶然性”之上，不可能真正参透“偶然性”，也就无从对偶然性的对象下定义；B. 以“意识”为出发点的任何“定义”，由于“意识”的无根基而不可能具有确定无疑性，即便对“善”下了定义，此定义也肯定不是那个先验的“善”本身。这颇有些像老子所说的“道可道，非常道；名可名，非常名”。

默多克在《善对其他概念的统治权》中指出，“善的不可界定性与世界的非系统性、无穷多样性和德性的无意义性相关”①。“世界”是偶然的，“德性”则是虚无的“意识”的产物，而这一产物由于“意识”的闪动性而无法固定成为“自在”。

换言之，“善”作为既非纯然客观、又非完全主观的理念，②不能被简单化为“是其所非”或“非其所是”的纯“意识”产物——概念，更不能被视为“是其所是”的纯客观外在。于是，默多克所说的“善”可以用萨特所说的“自在—自为”来表示了。在默多克的理论中，“善”是被追求的信念对象；在萨特的理论中，“自在—自为”是人想要达到的状态。然而“自在—自为”是人不可能达到的状态（详见本书第三章第一节“‘自由’的追求”），因此，“善”也是我们永远无法企及的彼岸。

怎么可以定义、描绘一个无人到达、故无人知晓的彼岸呢？如默多克所说，善的神秘性“是由于人的脆弱性、由于距离的无穷远”，“假如有天使的话，他们大概能定义善，但我们也不会明白那个定义”。② 我们所能做的，只是遥望彼岸，想象或幻想彼岸世界。每个“意识”所得到的关于彼岸的想象或幻想的结果，必然是千差万别、绝无一致的——如果承认每个“意识”都是独一无二的存在。

因此，对“善”的探索是一个永无止境的反思历程，亦即默多克所说的以“现实”为基础，不断澄清“视景”的过程；而“去自我”（或曰杜绝实体化“自我”）是必需的——如果要保持反思的“永无止境”。默多克表示：“对我来说很重要的一点就是把善的理念当作反思的中心点，从这里我们也可以看出善的不可界定性和不可描述性所具有的重要意义。善，而非意志，是

① Iris Murdoch, “The Sovereignty of Good over Other Concepts”, *Existentialists and Mystics*, 1997, p. 381.

② Iris Murdoch, “The Sovereignty of Good over Other Concepts”, *Existentialists and Mystics*, 1997, p. 381.

先验的。意志是精神天生拥有的能量，有时也被用于实现有价值的目标。当追求德性的意图和某种模糊视景同时存在的时候（这种情况几乎总是发生），善是关注的焦点（the focus of attention）。"①

在此基础上，默多克认为摩尔虽然指出"善是不可定义的"，但他的理由——"因为价值判断依赖于个体的意志和选择"② ——却夸大了人的因素，从而忽视了现实因素，把"善"变成了"意志的一种功能"，而非"见识或知识的对象"③。另一方面，虽然摩尔认为"善"是神秘的，但其理由却是因为把"善"看作"超知觉（supersensible）的现实"，"善"又被看成了客观外在的存在。这么一来，作为局限性的存在，我们难以真正、更无法完全了解涵括一切局限性存在的无限、莫测的"现实"，也就根本无法把握和"现实"有关的"善"，何谈以"善"为信念对象？

没有"现实"成分的"善"，会沦落为"空无一物"的概念——纯粹的"意识"产物，那么，人不仅能界定它、描述它，而且是唯一能界定它、描述它的决定者。于是，在道德概念中占统治地位的将不是"善"，而是"自由，或者可能是勇气——在它被等同于自由、意志、能力的意义上"④，在默多克看来，这正是后康德主义（post-Kantian）的错误。

尽管西蒙娜·韦伊（Simone Weil，1909—1943）也把"善"看作"现实"，但与摩尔不同的是，她的是"先验的现实"。因此，默多克认为，韦伊的"善"产生的效果是让人把善恶与知识模式联系起来。

在默多克看来，"善"是"知识"的对象，不过，"知识"远远无法包含"善"，如同我们能在太阳光芒的照耀下看见一些真实世界的东西，却无法看清世界，更无法看见照亮全世界的太阳本身，"所以，如果我们说善是先验的，我们就是在说更为复杂、我们无法经验的东西"⑤（参见本章及第三章关于"知识"的论述），这不就像驴子面前吃不着的那根胡萝卜么？

---

① Iris Murdoch, "On 'God' and 'Good'", *Existentialists and Mystics*, 1997, p. 356.

② Iris Murdoch, "The Idea of Perfection", *Existentialists and Mystics*, 1997, p. 301.

③ Ibid.

④ Iris Murdoch, "The Sovereignty of Good over Other Concepts", *Existentialists and Mystics*, 1997, p. 366.

⑤ Iris Murdoch, "On 'God' and 'Good'", *Existentialists and Mystics*, 1997, pp. 348 – 349.

4. “善”的信仰

人作为“意识”的特殊存在，其特殊在于她/他的在世生活必然是有“所为（for）”、从而有“所为（do）”的，其“所为（for）”一定是她/他所非。通俗地说，人就是一种“缺啥补啥”的存在。①无根基的虚无性使人的一切都无法具有确定性（certainty），因而“确定性”也就注定是人孜孜不懈的追求目标，“上帝”这类“排除了怀疑和相对论的爱的对象”则应运而生。如默多克所说，“一切存在都是偶然性地存在”，“上帝”却“必然性地存在着”。①

人作为局限性的存在，根本无法了解、更无法达到尽善尽美的“彼岸”，但在“缺啥补啥”的驱使下，总是向往着、构想着“彼岸”，即②追求“完满性”（perfection），“完满的理念天生就是秩序的制造者”②，对“完满性”的追求即道德诉求。“上帝”能成为人们爱的对象，不仅在于它代表着“确定性”，还在于它代表着“完满性”——“爱是不完满之灵魂和具有磁吸力之完满这两者之间的一种张力”③。

“上帝”的确定性并没有得到真正的证明。神学家们竭力搜索提供的证据都是似是而非的；而他们想通过“证据”来证明“上帝”的存在，这种企图在默多克看来恰恰是在“消解神性”（de-mythologising）。“但是，若细加考虑，这些本体论证据并不能被视为真正的证据，不过是信仰的一种明确断定，其基础顶多是某类确定的经验罢了”。④ 愿信者会发现（或者“发明”）各种证据来支持“上帝”的确定性，不信者则不断质疑这些证据；论争的焦点在于证据是否可信，论争的根本却是信与不信。在“确定性”都无法证实的情况下，“上帝”的“完满性”自然也很成问题。

“善”遇到了与“上帝”一样的困难。在默多克看来，“善”（或“上帝”）的存在（exist）的确定性之所以遇到困难，首先来自人们对“存在”一词的误解，总是尝试从物质层面上来证明“善”（或“上帝”）的存在。实际上，“上帝”不过是我们的“关注”所指向的一个对象，与“关注”的其

① Iris Murdoch, “On ‘God’ and ‘Good’”, *Existentialists and Mystics*, 1997, p. 351.

② Ibid., p. 350.

③ Iris Murdoch, “The Sovereignty of Good over Other Concepts”, *Existentialists and Mystics*, 1997, p. 384.

④ Iris Murdoch, “On ‘God’ and ‘Good’”, *Existentialists and Mystics*, 1997, p. 351.

他对象不同的是，“上帝”这一对象作为终极目的、终极目标或彼岸的意象，被认为是完满的、先验的、不可描述的、必然真实的。这些特性使“上帝”成为具有“道德”价值的关注对象，而“道德哲学应努力尝试保持一个具有同样特性的中心概念”[1]，这就是“善”。

对“善”的“信念”足以像宗教那样成为我们的“信仰”，而且比包含着谎言的宗教更应当成为我们的“信仰”。像“上帝”一样，“善”的先验性也把“完满性”和“确定性”结合起来。在默多克看来，如果能清除“信仰”（faith）一词所具有的宗教性关联，对“善”的道德“信念”就是“信仰”。这种“善”的信仰，是建立在每一个“自由”的道德努力上的道德信仰，而非对“道德”具有正负两面作用的宗教信仰。“善”是一个纯粹道德性的理念，对“善”的追求所产生的结果，是且仅是道德的，也是且仅是自由的。

人在走出洞穴、接近太阳的过程中，必须不懈地突破自身局限——“去自我”/去除实体化“自我”，以澄清自己的“视景”。在“视景”越来越清晰的过程中，逐渐趋近了真实世界，感受到“善”的存在。因此，“善”的信仰始终包含着“现实性”（realism），它被默多克理解为“感知现实的一种能力”或“感知何为真实的智性能力”[2]——它同时自动地具有抑制自我的作用；在任何能够揭示“事实”的活动中，这种“现实性”都不可或缺。哪里有阳光，哪里就看得清景物；哪里有“善”，哪里就有真相。可见，“善”像“上帝”一样无所不在，是必需的、必然的。

无论是对“确定性”还是对“完满性”的渴望或迷恋，对人这种“意识”的存在而言，不过是徒劳的激情：“确定性”所意味的有根基、“完满性”所意味的有秩序，以及“善”所意味的毫无缺欠的绝对境界——“自在—自为”，是人们无法到达的乌有乡。因此默多克说，对“完满性”的追求使人“产生不断增强的方向感”，但“完满性”这一理念“可能只是空（empty）的”[3]。

然而，“一切皆空”（vanity）（《圣经》语）恰恰是“伦理学的起点和终点”。真正的“善”的信仰本来就是无目的的，而且排斥目的性，因为向“善”是一件自然而然的事情，如此方能显示出“善”的必需性、必

① Iris Murdoch, “On ‘God’ and ‘Good’”, *Existentialists and Mystics*, 1997, p. 344.

② Iris Murdoch, “On ‘God’ and ‘Good’”, *Existentialists and Mystics*, 1997, p. 353.

③ Ibid., p. 350.

然性；B．“为虚无”（for nothing）或“什么也不为”，体现了“善”这一理念本身的“空白性”（blankness）——由于其不可见性（invisibility）或不可描述性（non-representable）①。

《圣经》中义人约伯的故事不仅说明寻找证据或理由的行为是对信仰本身的否定，更说明真正的信仰不仅是自愿的，而且是无条件、无目的的。约伯对神的信仰，不是因为多求赐福，在先后失去家财、牲畜、子女、妻子，最后遍体生疮的情况下，其虔敬没有丝毫损减。约伯的四个友人把约伯的遭遇归结为因果报应，要求他忏悔自己的罪行，认为对神的信仰可以得到恩典，这和不信上帝的魔鬼的看法如出一辙。默多克认为，恩典观很容易被世俗化，使信仰变质。约伯极力反驳四友的指控，体现了“为虚无”或“什么也不为”式的真正信仰，对于代表普通人的四友来说，这是他们所不能理解的朝向“虚无”的信仰。

这种看似（实质上可能就是）来自于“虚无”又去向“虚无”的信仰，却使虚无的人生充满动力：“当善被爱上时——纵使不纯粹或偶然地——这种爱的性质自动得到净化，而当灵魂转向善的时候，这个灵魂中最高尚的那部分便活跃起来”②。“善”像“上帝”那样的不可界定、不可描述、不可企及，使它像“上帝”一样堪当我们的“信仰”对象。“当我们真的认识到善的不可能性时，我们就会爱它，正如我们爱一种宗教的神秘事物”③。对“善”真正的信，是约伯对“上帝”的那种信；对“善”真正的爱，是约伯对“上帝”的那种爱。

但是，“善”的信仰不需要先知和教主，不需要传道士和牧羊人，不需要“盲信”和“服从”。“善”的信仰需要的是每个“自由”一生不懈的道德反思和道德努力，因为这是“自由”对自身存在之终极“意义”的道德诉求，是“意识”与生俱来的需要和能力，是人注定的在世命运！

① Iris Murdoch, “On ‘God’ and ‘Good’”, *Existentialists and Mystics*, 1997, p. 358.

② Iris Murdoch, “The Sovereignty of Good over Other Concepts”, *Existentialists and Mystics*, 1997, p. 384.

③ Iris Murdoch, “Knowing and void”, *Existentialists and Mystics*, 1997, p. 158.

结论：类存在主义

通过对“意识”、“自由”、“道德”这三个默多克哲学关键概念以及与它们相关的“现实”、“视景”、“知识”、“想象”、“善”等一系列细部概念的辨析，本书旨在勾勒默多克元伦理学思想的主脉。虽然最初的研究目的并不在于将她确定为存在主义者，但结果显示，如果“存在主义”是本书第一章所描述的那种立场或态度，那么，默多克哲学之根与存在主义哲学之根毫无二致，即便与萨特学说分歧显著，但两人的核心思想或出发点、立足之地是一样的。粗略、简单地概括如下：

（1）一切存在都是偶然性的，世界是无意义的，因而是荒诞的；反对“体系”、“形式”等理性主义所追求的“整体”观，尊重差异性、多样性、可能性。

（2）对个体的人进行考察，并且把人作为身体与意识的存在，放在与他人及世界的关系中加以考察。

（3）“意识”是哲学的出发点，它存在着，然而是虚无的、闪动的，不能以其自身显现其存在，总是“是其所非”或“非其所是”。

（4）“自由”是“意识”所具有的功能，既不能给予，也无法剥夺或抛弃，人注定是自由的，人就是自由。

（5）人是在虚无中创造意义、追求意义的特殊存在。亦即其在世生活始终是自我谋划并努力实现其谋划的过程。

（6）人为自己和自己的世界负责。拯救我们的，只有我们自己。

就此而言，默多克不仅可被看作一位存在主义者，甚至是一位真正的存在主义者。其全部哲学概念始终在肯定世界之偶然性的同时，维护着“意识”的虚无性和活跃性，亦即真正维护了存在主义哲学所主张的人与生俱来的“自由”。和“浪漫的理性主义者”萨特相比，默多克是真正的非理性主义者，她所有哲学概念的精华——“善”的理念——就是对“理性万能”的否定。

存在主义者舍斯托夫说过，哲学家只有懂得很多问题是不能回答的，“他们才能懂得：人们提问并非总是为了求得答案，有些问题，其全部意义恰恰在于它们不允许有答案，因为答案将把他们杀死”[①]（提问是“意识”所固有的反思模式的体现）。但事实却常常是，“哲学家们力求‘说明’世界，以便让一切豁然醒目，清晰透明，以便让生活中根本没有或尽可能少一些问题和神秘的东西”[②]，其结果就是不断造出代表终极结构的各种“形式”。这不仅是对一切存在的简单化，而且使哲学像默多克所说那样沦为哲学家个人的玩物。这就是为什么“哲学家的死罪不在于追求绝对，而在于当他们确信他们并没有找到绝对时，便一致把人所创造的无论什么——科学、国家、道德、宗教诸如此类的东西——当作绝对”[③]。

默多克哲学的目的和意义或价值，从根本上说，正在于它自始至终都在和舍斯托夫所嘲讽的人类思想弊病（不仅仅是此处所提到的）作斗争。她提出“善”的理念作为取代“上帝”的信仰对象，但认为它是不可界定、不可描述因而是神秘的，甚至猜测它也有可能什么都不是——“无”。她提出“什么是‘善’”，却把回答问题的责任放在每个“自由”、每个“意识”的肩上。因此，“道德”不是必须或不得不“服从”什么，而是每个人一生的自我历练，是我们自身善的“自我”和恶的“自我”之间的厮杀。“善”的不可企及使人生向“善”的朝圣之路没有尽头，我们永远不能停止反思、自省——如同西西弗斯推石头上山一般不断地提问，是“道德”的追求，也是“自由”的实践。

默多克哲学的目的和意义或价值，从影响上说，则在于它从“自由”出发，最后着陆在“道德”上，用“善”取代“上帝”，完成了一件几乎不可能实现的任务——在保证个体自由的前提下创造和谐，这无异于在存在主义的地基上建起了道德哲学大厦。这是萨特及其他存在主义者想过却没有真正实现的愿望。就像默多克对萨特的批评那样，萨特虽然告诉人们要自由地创

① ［俄］舍斯托夫．“恶从哪儿来”．雅典与耶路撒冷．张冰译．上海：上海人民出版社，2004. 297

② ［俄］舍斯托夫．“哲学的任务”．雅典与耶路撒冷．张冰译．上海：上海人民出版社，2004. 337

③ ［俄］舍斯托夫．“绝对”．雅典与耶路撒冷．张冰译．上海：上海人民出版社，2004. 300

造意义，却没有告诉人们凭什么创造，创造什么，而默多克哲学所产生的效果如同对萨特学说的提纯和弥补，在理论层面上实现了“和谐”。从这个层面上看，用传统意义上的“存在主义”一词指称默多克哲学有欠妥帖，因此我用“类存在主义”（quasi-existentialism）指称默多克式的哲学态度。

（1）人自身的和谐。

①“意识”的人和“身体”的人。

虽然存在主义也把人放入生活中研究，但并没有很好地协调“意识”的自由和“身体”的局限之间的关系。当萨特说“存在先于本质”的时候，实际上他考虑的人只是作为“意识”的那种存在。他所说的“诚实”或“不诚实”的价值标准，也只有对于纯粹“意识”的存在才合理。但是，作为“身体”的人，或作为“物”的存在，我们是有“本质”的，例如自私的天性——这几乎是不需要论证的“公理”，默多克之所以把“为所欲为”——实现个人欲望——的自由视为“假自由”，正是因为看到了这一点。

“意识”作为一种人天生的能力或功能，其虚无性也在于它不是在“身体”消亡后还能独自存在的所谓“灵魂”或“机器中的幽灵”，而是与“身体”共存并互相作用的——迄今为止我们还无法真正或完全了解它们是如何共存、作用的（也是一种“神秘”）。当萨特说“自由”总是“境遇中的自由”，他所谓的“境遇”更多是指“我”之外的“非我”类存在，但默多克通过对“视景”这一概念向我们显示，“意识”本身——譬如“理性”——也有无法克服的局限性，而这种局限性显然和我们作为“身体”的人有关系，毕竟“意识”无法脱离“身体”而存在。如果说“自由”是伴随“意识”而生、而存的功能，那么，说它总是“境遇中的自由”。其原初的“境遇”就是它不能脱离的那个“身体”，随后的“境遇”则是一切与这个“身体”有关的“事实”。

人作为“意识”和“身体”的统一体的存在，在她/他最初的“看”中已然、始终带有其个人的主观性色彩——这也是“自由”所处的一种“境遇”。默多克主张澄清“视景”，接近“现实”，就是要求人发挥“意识”的活跃性，通过道德努力最大限度地突破人作为“身体”和“意识”统一体的存在所固有的局限，亦即实现与生俱来的“自由”。只有把“自由”理解为默多克所说的“真自由”，作为“身体”的人和作为“意识”的人才能在“自由”中统一为真正的整体并达到和谐。

②个体的人和社会的人。

作为“身体”和“意识”的统一体的存在，人的在世生活注定无法脱离他人、社会和现实世界：“身体”不能独活于世，需要他人的协助；“意识”总是指向对象，不能以其自身显现其自身。在一般人的理解中，我们既是“个体的人”，也是“社会的人”，即所谓的我以为的“我”和我所扮演的“社会角色”。

人的现实生活体现为个体与他人、世界所建立的各种社会关系，亦即人通过扮演各种社会角色实际存在着。虽不能把我等同于我所扮演的任何社会角色，但我所扮演的全部社会角色构成了在活的、具体的我的本质。但是，“我”并不能简单地等同于“个体的我”，社会角色也不能简单地等同于“社会的人”。实际上，哪一部分是“个体的我”、哪一部分是“社会的我”，不是泾渭分明的，在“意识”的层面上，甚至是你中有我、我中有你。因为，没有哪个人的自我世界是脱离他人和社会而形成的。这也是“自由”所处的“境遇”，或默多克所说的“事实”、“现实”。

在所谓的“我”和我所扮演的“社会角色”，即“个体的人”和“社会的人”之间并不能天然和谐，而且也不可能轻而易举地达到和谐。两者之间不是东风压倒西风，就是西风压倒东风。萨特所说的现代人流行病“自我异化”——自己把自己非人化，就是不和谐的一种体现。通俗地说，倘若一个人把她/他所承担的某个或某些社会角色误认为是其作为人的整个的存在，如卡夫卡笔下的萨姆沙（《变形记》），或者正相反，不愿意或消极地承担其存在所不可避免的社会角色，如加缪笔下的莫尔索（《局外人》），都是对他们自身的非人化，而将他们非人化的人，正是他们自己。

默多克解决这个问题的办法是“去自我”，即避免将“自我”实体化。她所说的“去自我”，不是通过“受难”来实现的“净化”，而是通过不断刷新“知识”而达到的澄清“视景”。肤浅、世俗的皮肉受苦或自我虐待解决不了精神问题，反而会给他人带来不快；只有在至死不渝的严肃反思和自省中才能不断超越旧我局限，使“意识”保持“是其所非”或“非其所是”的活跃性，避免将“自我”变成“是其所是”的实体。在“去自我”的反思、自省中，我眼中的“我”和我在他人面前所扮演的“我”，都作为“意识”的虚假的对象而被超越、清除。所谓“个体的人”和“社会的人”不再是分裂甚至对立的两部分（把“我”看作“个体的人”和“社会的人”的整合，本身就是对“意识”的物化），而“熔化”成反思、自省的对象。

“自我异化”这一现代人的流行病根源在于对“意识”的物化倾向，默多克的“去自我”及其他相关概念维护了“意识”的“是其所非”或“非其所是”，无疑有助于抑制“自我异化”，保持人的整体性。

③此刻的人和历史的人。

萨特其实也分析了“意识”对“目的”的创造和追求，但他更强调“理性”本身，而不是把“理性”作为指向“目的”的手段，客观上把“理性”简单化为“个人意志”，而“自由”则是在“个人意志”作用下对过去说“不”的勇气。他所强调的“自由”是突破的能力，但它突破的不是自我的局限，而是“过去”，是一个人的历史。虽然他说人是谋划未来并向着谋划行动的存在，但客观上却让注定有“所为（for）”因而有“所为（do）”的人，忙着跟“过去”纠缠，忘了向着“未来”反思“过去”，实践“现在”。他所描述的“自由”，其人生变成随意而为、难以捉摸的破碎的片刻堆砌——人和她/他自己的历史断裂了。

默多克认为萨特所描述的人只是一种，还有其他类型的人，譬如她所提倡的尊重“现实”的、追求“善”的人。他们人生中的各个时刻由于始终向着一个稳定的“目的”，所以具有既统一又发展的完整性，不是片刻的，而是历史的。“过去”不是我应当抛弃的东西，而是我反思的对象，是我的“知识”要吸纳的一部分。我反思“过去”，不是为了把自己困于其中，而是为了趋近终极目标，以更好地超越自我局限，我要对之说“不”的，不是“过去”，而是自我局限。

（2）人与他人的和谐。

萨特和默多克都看到人与人之间关系的现实性，但萨特实际上把“自我”实体化，从而落入以“自我”为中心的唯我主义——尽管他也批判“唯我主义”，最终将“他人”视为我实现“自由”的障碍，以至于人们常常把他的哲学简单化为“他人即地狱”，虽然这在某种程度上说是对其哲学的误解，但并非空穴来风。其实，他在论述“意识”的“为他的存在”模式时，对“看”的分析已展示了我和他人的共生依存关系。但他更为强调的是，他人的“看”在指向我的那一瞬间，像墨杜莎一样将本来“是其所非”或“非其所是”的我固化为“是其所是”的“物”；反之，我也如此“看”另一个“自由”。因此，尊重他人的自由只是一句空话。

默多克在《萨特》一书中也指出，人们习惯于将他人固化、物化，造出“虚假的对象”。为此，她提出“知识”这一概念，并把他人、世界看作“知识”内容。“知识”帮助我们澄清“视景”，清晰的“视景”有助于我们实践

“自由”，因此，他人作为“知识”内容，不是我要恐惧、逃避的敌人，而是我应当接近、了解的对象。我对他人的“看”，不再像墨杜莎那样将他人物化、非人化，而是让我明白他人作为和我一样的“自由”，理应被我尊重，就像我希望他人尊重我这个“自由”一样。如果我和他人都能把对方当作“知识”内容看待，我与他人的关系就从互相恐惧、逃避，变成互相了解、尊重，从而达到和谐。

事实上，将“他人”物化的倾向对世界所造成的破坏，客观上比将“自我”物化所造成的损害恐怕要大得多，这在科幻电影《阿凡达》（*Avatar*, 2009）中可见一斑：把他人、世界当作“知识”加以了解和尊重的杰克和格瑞丝，为了保护潘多拉星球上的原著民纳威人和生态环境，不惜牺牲自己的生命；与此相对的反面角色们，为了物质利益不惜大力毁坏自然、残杀纳威人，在主使这一切的上校眼里，纳威人不过是在树上乱跑的蓝色动物。

“看”所揭示的我与他人的存在是双向互动的，并非只是我的“看”将他人物化这么简单。实际上，将他人物化，也是对自己的物化。妄图摧毁纳威人的上校，在把纳威人物化为可被肆意屠杀的动物时，也把他自己物化为杀人机器，最后被杰克作为杀人机器——而非“人”——予以摧毁。有人说，你如何对待自己，别人也如何对你。从某种意义上说，自我物化与物化他人是一回事，亦即都是“自由”的敌人。

对“他人”的物化还表现在拒绝用发展的眼光看待“他人”，把“他人”囚禁在她/他的“过去”。鲁迅笔下的祥林嫂、雨果笔下的冉阿让，都是这种“物化”的受害者：无论他们多么努力地“洗刷”自己，始终无法让别人“看见”当下的、已经完全变化的他们，而被“囚禁”在他们过去的“污点”中。杀人不见血的礼教或所谓的社会道德，就这样进行并完成了对一个势单力薄的个体的迫害。这种“物化”几乎是人的通病，也是“偏见”、“歧视”的根源之一。

（3）人与宇宙的和谐。

默多克和萨特一样，认为人的“自由”是“境遇”中的自由，而且，人通过“介入”可以对“境遇”有所改变，但她并不像萨特那样，认为人对“境遇”负有“完全的责任”。因为人不是萨特所幻想的那种能够俯瞰世界的存在，而是生活在局限中的自私的、主观的存在，只有通过不懈的道德努力，才能越来越了解“事实”，趋近“现实”。默多克一再强调“事实”不等于“现实”，人虽然可以通过各种理性方式把握一定的“事实”，但对于远远超出“事实”的“现实”，人的认识能力是非常有限的，只能借助“想象”。

人的认识永远没有止境，因为没有什么能证明或保证我们的认识是正确的。认清“现实”虽然困难，却是我们不可逃避的任务。只有更清晰地认识“现实”，我们才能更恰当地进行自由选择和行动，实现“道德”进步。在此基础上，默多克提出“善”的理念，作为人这种注定需要“信念”的存在所追求的目标。我、他人、世界作为“知识”、“视景”、“事实”、“现实”的内容统一为整体，是个体实现“自由”、提升“道德”的途径，而这一切都是发生在向“善”的朝圣历程中。在神秘的“善”的理念中，默多克将全部概念有机地融合为一，把人生理解为向着“善”不断刷新自我、实践“道德性自由”的历程，在保证每一个“意识”的活跃性（“自由”）的同时，使之与其外的一切和谐化！

舍斯托夫说，“信仰的本质及其最大、最绝妙的特权，在于它不需要证明，在于它存在于证明的‘彼岸’”①。但是，默多克的“善”足以取代也更适合取代“上帝”作为信仰对象，不仅仅在于此。默多克式“善”的信仰者首先承认世界、人生的虚无、偶然、无意义，对“善”的信仰绝不是出于对事实的恐惧或逃避；其次也认识到对“善”的信仰可能是向着虚无的追求。因此，其信仰不是出于功利目的，而是“什么也不为”（for nothing），这种信仰即便对宗教而言也是最虔诚的信仰。此外，“善”的信仰者知道，向“善”的朝圣的唯一途径是利用其自身的积极反思功能努力澄清“视景”（提高思想认识水平）、“去自我”或防止“自我”实体化（改善自我）。因此，“道德”责任始终在她/他自己肩上，向“善”之路就是不断反躬自省、认识他人、世界的过程，并且这条路没有尽头。

相比之下，①对“上帝”的信仰往往出于恐惧和逃避。有的人恐惧、逃避“地狱”（这种情况容易发生在自小接受了关于“地狱”和“天堂”之说的人身上，亦即自小接受了人造的“意义”并视之为先验的），以为信了“上帝”能进“天堂”；有的人恐惧、逃避“死亡”（不愿意正视“死亡”的必然性和必需性，无法接受“人死万事空”的虚无事实），愿意相信死后有所谓永生的灵魂，那就需要找个好地方安置灵魂——“天堂”；有的人恐惧、逃避“孤独”（不愿意正视人与世界、他人、甚至自我在根本上都是疏离的，实

① ［俄］舍斯托夫．“信仰与证明”．雅典与耶路撒冷．张冰译．上海：上海人民出版社，2004. 311

质仍是对虚无的恐惧和逃避。可参见本书第一章关于“死亡”和“焦虑”的论述)；有的人恐惧、逃避“无意义”……虽然恐惧和逃避的样式各种各样，但最终都是对人自身存在的事实的恐惧和逃避，即不愿意正视世界、人生的虚无和无意义。

②对“上帝”的信仰往往出自默多克所说的脱离“现实”的“幻想”，就像舍斯托夫所说的那样，“当人想要有不可能之事时，他会回忆起上帝来的。而当他想到可能的事时，他会去找人群”[①]，很容易导致“信仰”的世俗化，从而使对“上帝”的信仰不再具有“道德”功能，而变成了满足私欲的白日梦，“信仰”堕落为“迷信”（中国人的“礼多神不怪”往往就是后者)。在港产警匪片中经常看到对“关公”烧香磕头的情景：为了保佑自身平安，警察出动前拜“关公”，匪徒出动前也拜“关公”，真不知道“关公”该保佑谁！默多克认为，如果把“上帝”当成“信仰”的终极目标，就会妨碍对“善”的追求。由此亦可见，保持“善”的无目的性是非常重要的。

③对“上帝”的信仰容易导致“不宽容”。“信仰”的实质注定它是无法证明的，因此，试图证明其确定性，这本身就是对“信仰”的否定，因此，默多克才说，神学家们的“证明”实际上是在消解神性。由于“信仰”的不确定性、不可证明性，宗教为了“说服”人们信，很容易就采用“迫使”手段，也就是说，我不能主宰你的精神，但我可以主宰你的身体；我通过主宰你的身体来左右你的思想。然而，正如舍斯托夫所说，“天主教以‘绝不宽容’自保，甚至将‘不容异端’当作自己的功勋——它甚至连想都未曾想过，那些需要矛盾律或刽子手和狱吏保护的东西，处于神祇真理的范围之外；也未曾想过，正因为我们的尺度最软弱、最不牢靠、最缺乏保护，才拯救了我们人”[②]。事实上，正因为“信仰”的不可证明性，它才不会被简单地固化为“物”，才能成为“自在—自为”——即“神”。

不仅如此，宗教所说的救赎只能通过对“上帝”的信仰而实现，因此，尽管甲比乙善良得多，如果甲是异教徒或非教徒，而乙自认为是虔诚的教徒，乙就会因为自己在“上天堂”这件大事上的优越感而“歧视”甲。如果说持

---

① ［俄］舍斯托夫．“唯一有用的”．雅典与耶路撒冷．张冰译．上海：上海人民出版社，2004. 339

② ［俄］舍斯托夫．“强制性真理”．雅典与耶路撒冷．张冰译．上海：上海人民出版社，2004. 330

不同观点的人群互相之间或多或少存在着歧视或偏见，那么，教徒们对教外人的歧视或偏见，远比教外人对教徒们的歧视或偏见严重得多，实质是“不宽容”。“优越感”也是信仰“上帝”带来的功利结果——“好处”。一旦世俗化，教徒们之间的关系很容易变成“结党”，很难避免“营私”。

不难想象，信了“上帝”的乙很容易有恃无恐，不需要提升道德的个人努力，只需要对“上帝”忏悔一下就万事大吉：《圣经》里的“上帝”列出人的罪状不是为了让人改正，而是为了让人知“罪”（以及消“罪”的不可能性），以便让人们匍匐在“上帝”脚下，因为救赎不是通过道德自我完善，而是通过向“上帝”求救。可见，“那个教导我们要‘服从’、要‘恭顺’的良心，只不过是经过伪装和改扮了的恐惧罢了”①。我们以为教徒都是善的，却发现并不尽然，弊端就在于将宗教世俗化了的“恩典观”迎合、满足了人的自私天性，破坏了“信仰”的道德功能。所以默多克说，虽然最初对“上帝”的信仰有助于向“善”，但是，假如把“上帝”当作信仰的最终目的，会妨碍人们对“善”的追求。

对“善”的信仰，如同从阴暗洞穴走进阳光灿烂的真实世界的过程，促使人行进的，不是威逼利诱（譬如信，就上天堂；不信，则下地狱）的外部力量，而是来自人之存在最深处的“自由”。无论是否追求“善”，人都是自由的，可以选择继续留在洞中，甚至继续被锁链捆着面壁，但也可以向洞外走，以证明自己的“自由”——突破局限的能力。足见默多克式“善”的信仰历程是道德历程，也是自由历程，“自由”在这个意义上得以和“道德”不分彼此，两者融合为“道德性自由”。因此，“善”不仅满足了人这种“缺啥补啥”的存在所需要的“意义”，也解决了长期以来“道德如何与自由兼容”的问题。

“思辨”就其本质而言，是在世的存在上下求索永恒的、颠扑不破、统御整个宇宙的终极真理，其探索始于“自由”，却以“必然”而终——一旦它认为自己进入了永恒的规律王国，掌握了终极真理就会停止其探索，因为“自由和必然本系一家，为现实立法，树立理想的思辨，也是在褒扬真理”②。

---

① ［俄］舍斯托夫．“受奴役的意志”．雅典与耶路撒冷．张冰译．上海：上海人民出版社，2004. 345

② ［俄］舍斯托夫．“思辨”．雅典与耶路撒冷．张冰译．上海：上海人民出版社，2004. 295－296

我们似乎一直活在这样的悖论世界中：一种思想、一种哲学渐趋成熟、渐趋完善的时候，在其体内便悄悄地滋生反对它自身的胚胎，成为另一种思想、另一种哲学的攻击目标。当萨特号召世人承认存在主义所说的世界、人生真相，否则就是“不诚实”的时候，他就是在反对自己所说的“存在先于本质”，因为驱使他号召的，正是某种“意义”或“本质”。

面对假想的攻击者，必须指出的是，默多克所立的法或褒扬的真理，无疑是“善”，但是，对这种“善”的信仰，不是让人停止探索，恰恰是敦促她/他不断探索。因为反思是最根本、最重要的向“善”力量。事实上，本书全部论证都旨在说明：人作为“意识”的存在，其积极的一生应该是维护“意识”的活跃性，反对惰性的斗争，是维护“意识”的虚无/“是其所非”或“非其所是”、拒绝固化/“物化”或“是其所是”的斗争。换言之，人的一生应当是反省自身、了解他人、认识世界，进而尊重一切存在的一生，而“德性”是这一过程的副产品（不是目的，否则就破坏了“善”的无目的性）。

如果有谁在定势思维（凡事总有功利目的）的驱使下一定要问这样对人有什么“好处”，那就是让我们在虚无中找到了“根基”——生存的理由或价值或意义。只消回想一下歌德的《浮士德》就会有所领悟。浮士德博士的在世意义或动力，既不是他躲在书斋里所学的死知识（知识之所以是死的，是因为脱离了生活；不是“知识”的错，而是其掌握者的错——没有和生活联系起来）所能提供的，也不是他满足私欲的情爱（倘若“爱”如默多克所说是对他人的尊重和了解，那么，浮士德对甘泪卿的爱，与其说是爱情，不如说是情欲）所能提供的，更不是钩心斗角、鱼肉人民的政治所能提供的。他所追求的美或艺术，并不是默多克所说的以探索现实真相为目的的真正的艺术，而是逃避现实、脱离生活的艺术，其结果只能是一场空，他的激情也只能是萨特所说的“无用的激情”。最后，他终于满足了，亦即有了幸福感。当他真正有了幸福感或满足感的时候，不是因为一己私欲得到满足，而恰恰是无私的善欲（如果说向“善”也是一种欲望）得到满足，因为他想象着“他人”过上了富足生活。

然而，浮士德博士的满足不过是出自“想象”，那些劳作的叮当声，不是围海造田，而是魔鬼在给他掘坟墓。描述真相的语言、方式不同，但真相是一致的。虽然歌德没有像默多克那样的哲学思想，两人对“善”与“恶”的理解也不尽相同，但歌德作为以探索真相为己任的艺术家，其探索得到的答案与默多克——同样以探索真相为己任的哲学家——的答案惊人地相似：对“善”的追求最后得到的，可能是“虚无”；但正是这种向着“虚无”的追求让人产生了幸福感——满足。如果我们要从信仰中得到什么“好处”，这就是最大的好处！

浮士德博士的经历说明，无目的的（或者说，不是出于满足私欲的目的）“善”的信仰所带来的幸福感，绝不是满足私欲（无论是在物质层面上还是精神层面上）的追求所能产生的。2009年年末的新闻中说，中国最近评选出的“最具幸福感城市”中，经济（物质）相对繁荣的广东省无一城市入选。在国际范围中，最具幸福感的国家是印度，其次是菲律宾，而这两个国家都以贫穷著名。这说明：①“迷信”（供神、烧香、磕头的现象在内地比比皆是）不是“信仰”（西藏地区的虔诚教民即便破衣烂衫，脸上的表情却是祥和平静的）；②即便宗教信仰存在弊端，但仍然比没有“信仰”要好；③“信仰”不是靠物质能解决的问题，它属于精神范畴，亦即是“意识”（包括了诸如“心”、“良心”、“灵魂”等我们业已习惯的称谓）的历练。

总是说真话的梅菲斯特（歌德：《浮士德》）指出，“理论是灰色的，而生活之树常青”。无论多么美妙动人的理论、多么让人醍醐灌顶的理论，都无法搭救具体生活中的具体的人，因为生活总是如此纷繁复杂，人总是如此千姿百态，理论只有在实践中才能体现其价值，而实践的主体是各不相同的人，真正能搭救我们的，是我们自己：①我们拥有什么样的理论；②我们如何实践我们的理论；③只有将理论与生活相融合，理论才能拥有生命力，而不再是灰色的。默多克在理论层面上确立了“善”的地位，但如何实践对“善”的信仰，则在于每个信仰者自身。我们的实际生活不仅仅是如何看待自我、看待他人和世界的生活，还是衣食住行的生活，而默多克对“善”的论述主要集中在前者，客观上使她说的“善”并不能达到“上帝”所起的作用：让人觉得在世生活中每件事物、每一时刻都是重要的（一切都是“上帝”的创造、安排、旨意，一切都与“上帝”有关，因而具有意义）。

不过，让默多克的“善”做到这一点并不困难。既然人是作为“身体”和“意识”的整体存在，那么，对“善”的信仰不仅意味着“意识”是善的（to be good），也意味着“身体”是善的。换言之，不仅要提升精神，也要强壮身体。对“善”的信仰，就是对排除宗教色彩（如佛教）之后的“善知识”、“善生活”的追求，就是爱生活、爱世界、爱一切存在——如果爱是了解和尊重的话。不妨再给“善”加上宗教信仰所必需的“仪式”，使之神圣化为“善教”，从而彻底取代包含负面影响的宗教。譬如每天必须喝N杯水（有利于“身体”向“善”），譬如必须礼貌待人（有利于“意识”向“善”）等。生活中的所有内容、每一时刻都重要，因为都与“善”有关。在“善”的照耀下，人生不再是混吃等死、随波逐流，不再是钩心斗角、尔虞我诈，而是“德、智、体全面发展”，是健康地存在、快乐地生活，是为世界做力所能及的事，并且努力做好。

然而，笔者这种将一个理念具体化、生活化、口号化的个人做法是危险的。理论与实际相结合，是个体自身的责任，如何将理论与实际结合，也只是个体自己的方式。任何把生存问题简单化的做法和企图，其本身就与真理之路南辕北辙，其实质仍是在构建个人性的“形式”，但世界、生活永远不会乖乖地呆在任何人的“形式”里。就让“善”的理念继续神秘，让我们每个人孜孜不倦地继续自己对生存的探索！

附录:《沙堡》的试析

艾丽丝·默多克的第二部小说《沙堡》(*The Sandcastle*, 1957)一出版即受到广大读者的欢迎。不过,迄今为止的事实表明,研究界对这部小说的热情相当有限,往往是在进行默多克创作整体研究时才稍加评价,或竟忽略不提。《沙堡》是默多克被译成汉语的第一部小说,而王家湘教授在20世纪80年代翻译此作时,作家在英国以至欧美的声势正如日中天,各种奖项、荣誉纷至沓来,其火爆程度恐怕比她的同年多丽丝·莱辛(Doris Lessing, 1919—)今天所处的盛况有过之而无不及。

《沙堡》讲述的是一个无论在生活中还是文学中都屡见不鲜的外遇事件,并提供了一个有惊无险的"回归"结局。不学无术的家庭主妇南恩看起来头脑肤浅、世俗贪吃,却有着冷静而强大的意志,始终影响、控制着每一个家庭成员,特别是丈夫莫尔,总有办法使家庭生活按照自己的意愿发展。莫尔对妻子虽一再忍让,但他们长达20年、貌似平稳的婚姻生活早已暗流汹涌,一触即发。年轻女画家雷恩·卡特的到来打破了学校惯常的沉闷,也激发了莫尔的生机,婚外情顺理成章地发生了。由于南恩的妥协和雷恩的退出,桃色事件无疾而终,但莫尔从中得到了好处:妻子主动同意他去参选议员——故事开始时他正为如何让她同意而犯愁。家庭震荡期间离家出走的儿子回来了,暗中用巫术把戏捍卫父母婚姻的女儿流下欣慰的热泪:一切都好了!

可能正如博夫(Cheryl K. Bove)所说,"《沙堡》从未被评论界视为默多克众多成功小说中的一部,是因为它的流行,以及浪漫的故事情节"①。然而,默多克小说总是包含着深层哲思,事实上,她首先是一位哲学研究者,或可视为道德哲学家。不过,她反对把文学创作变成哲学思想的传声筒,而且格

---

① Cheryl K. Bove, *Unerstanding Iris Murdoch*, 1993, p. 133.

外强调“现实”。取材非常生活化，再加上善于设置悬疑丛生、环环相扣、跌宕起伏的情节，其小说具有极强的可读性，即便读者对其哲学观（甚至对哲学）一无所知，也很容易在轻松的阅读过程中或多或少地受到润物无声的感召。正因为如此，默多克小说的深层意蕴往往具有隐蔽性。只有对其哲学有较深入的了解，才能发现藏匿在故事背后的细微却深刻之处。

《沙堡》的阅读即是如此。所以博夫从作品中读到了默多克的道德哲学和美学思想，在美术老师布莱德亚德身上看到了她所受的柏拉图影响以及对“真”的道德追求。[①] 不过，在博夫所说的这一切的背后，其实还隐蔽着默多克哲学或伦理学思想的一个非常重要、特别、基础的概念——自由。但是，默多克所说的“自由”并非人们日常生活中通常以为的那种自由，而是将个人主体性与现实世界融为一体的、始终与“道德”相关的另一种自由，对我们的生活有着积极的启发意义和参考价值。

一、“自由”的先验性

默多克青年时代受萨特存在主义哲学影响是众所周知的。她的第一本书、哲学著作《萨特：浪漫的理性主义者》（*Sartre*：*Romantic Rationalist*，1953）将欧洲大陆存在主义哲学思潮第一次正式介绍给英伦思想界。据统计，默多克热衷引述的思想家大致可分四类，其中包括萨特、海德格尔等存在主义大师，她去世时的未竟之作也是关于海德格尔的研究，而萨特的大部头哲学著作恰恰是对这位大师的诠释[②]。默多克在《萨特》一书中对后者有所批判，譬如唯我主义倾向，但在最根本的哲学问题上，她与萨特无疑是一致的，其中就包括对人与生俱来的“自由”的肯定：人是自由的，人就是自由。

萨特通过对哲学出发点——“意识”——的现象学还原，证明了人注定是自由的，人就等于自由。这和出生一样是一个不可否认、不可选择的事实：她/他可以自由地选择，却无法选择“自由”本身，正如我们无法选择自己是否出生一样。当我们拒绝承认自己是自由的，是我们自己决定要拒绝的，因此，我们的拒绝恰恰证明了我们的自由。萨特有时干脆用“自由”代替“人”一词。

人作为“意识”的存在，或作为“自由”的存在，绝不可能在思想上与

① Cheryl K. Bove, *Unerstanding Iris Murdoch*, p. 133.

② George Steiner, “Foreword”, *Existentialists and Mystics*, 1997, p. xii – xiii.

他人绝对一致。在《形而上学与伦理学》中论及“自由”时，默多克指出，“我们的自由不仅仅是做出不同的选择、行动的自由，也是产生不同的思想、信念的自由，是用不同的方式看世界、看到不同的结构，并用不同的词语描述它们”①。她曾在接受采访时说，“人们之所以试图展示真理，原因之一就是，他是在展示人们互相之间是多么的不同”②。可见，承认、尊重他人与我的差异，容许他人与我存有差异，就是承认、尊重他人的自由，容许他人与我同样享有自由。

然而，《沙堡》中的南恩在故事开始时的所作所为与此背道而驰。她常常不经同意便擅自变动家庭成员自己房间里的布局，反对莫尔参选议员，反对女儿读大学，反对儿子进剑桥。在这个家里，似乎有南恩的“自由”，就没有其他成员的“自由”。她似乎什么也看不惯，善于端着高傲冷漠的架子对别人品头论足、冷嘲热讽。在她眼里，不结婚的迪莫特是病态的，他的女管家汉迪则是粗俗的，新任校长艾维是个笨蛋，女权主义者们感情用事……就连尚未谋面的画家雷恩，她也要“口诛”一番。

南恩对家人的专横、对“异己”的刻薄和不宽容，其实是对他人“自由”的不尊重，其最后终于激起众怒。儿女们拒绝与南恩交流，对她的问话常常沉默以对，不和她打招呼就把被她摆布过的家具搬回原来位置，用消极方式反抗专制。被南恩讨厌的迪莫特和汉迪同样也看不惯南恩，对她不以为然。雷恩应邀到学校为迪莫特画像时，莫尔正为怎样说服妻子同意他参选议员而犯愁，因为他知道这件事将在家里掀起轩然大波。正如她的名字“雷恩”（英文为 Rain——“雨”）一样，这个平和、随意、带点孩子气般执拗的年轻姑娘不仅给沉闷的学校带来滋润，对莫尔来说，更是如在地壳上钻了个洞，把他憋闷多年的“自由”岩浆从开始时的外溢，发展到最后的喷薄。与雷恩在一起，莫尔感到前所未有的轻松与自由。一贯把“诚实”视为做人准则的他，从开始为了雷恩向妻子说假话，到接着陷入对她的疯狂爱情，最后决定抛弃植根 20 年的家庭与工作与雷恩出走，这个过程与其说是一个中年男人的意乱情迷，不如说是对南恩多年压制的总反抗，是其与生俱来的“自由”的总爆发。莫尔对雷恩的爱情愈强烈、疯狂，愈能证明：“自由”一旦爆发，将

① Iris Murdoch, “Metaphysics and Ethics”, *Existentialists and Mystics*, 1997, pp. 72 - 73.

② Iris Murdoch, *Iris Murdoch in Conversation with Malcolm Bradbury*. London: The British Council. 1976.

是何等坚决与强烈。

南恩面临失去丈夫、家庭破碎的危机却不能博取人们普遍的同情，就在于她不懂得把他人作为自由的主体性存在加以尊重。作品中一部分人物对莫尔的桃色事件所持的或暗助、或理解、或原谅的态度，显示了这场外遇行为的“合逻辑性”或“可理解性”。固执专横却坚强诚实的前校长迪莫特素来讨厌南恩自以为是的霸道，暗地支持莫尔反抗她，他自己原本对雷恩动了心，但发现莫尔与她似乎有秘密时，就故意找借口离开，还把门带上，为他们两人创造机会。当南恩处心积虑地在学校宴会上致辞、一反常态地支持莫尔参选议员以示“夫妻同心”时，从未听莫尔提过参选一事的雷恩受到重创匆匆离席，迪莫特又用严厉的目光敦促莫尔马上追上去解释、挽留，而后者好像被捆在凳子上一样的怯懦行为令他狂怒，以致莫尔不敢再看他。迪莫特在作品中是着墨较多的人物之一，其态度实际上流露了作者对这场婚外恋的同情与理解，而其立足点正是对“自由”的肯定。

毋庸置疑，南恩真心爱着莫尔和儿女，但是“爱”不是抹杀“自由”的借口。真正的爱是对他人的理解和尊重：出于爱，我们会努力了解对方，就不会不明白，他人和我一样是生而自由的。越是爱一个人，就越是能理解和尊重其自由；反之，打着“爱”的旗号对他人实施占有、专制，就是无视他人是自由的这一事实。占有、专制的爱，不仅不是真正的爱，而且必然激起怨愤、反抗。

种种事件表明，任何人都是一个独立的“自由”，不会像机械一样沿着他人设置的轨道刻板运行。无论是莫尔不顾一切的婚外恋事件，还是唐纳德、卡德冒着生命危险爬学校的塔楼；无论是布莱德亚德结结巴巴的我行我素，还是迪莫特、艾维两人迥异的光棍生活和治校风格，都体现了人与生俱来的自由。而作品中凡是惹人讨厌的行为或人，皆因不尊重他人的自由。

作品的叙事也体现了个体的存在与自由。虽然莫尔才是真正的主人公，但作家几乎给每个有名姓的人物——无论重要与否——都安排了展现主体意识的机会，没有谁是简单的“物”似的存在。即便是次要的像莫尔不太喜欢的学生里格登、卡德等人，作者都会站在他们的角度上在作品中描述一两句对事件的看法。

二、“自由”的现实性

值得注意的是，作者对莫尔的同情是有限的。如果说婚外情以及它所得到的同情与支持在第一层面上体现了对“自由”先验性的确认，那么，小说中其他知情人对莫尔和雷恩的恋情的反对态度，尤其是布莱德亚德对莫尔的劝告，则在较为深入的第二层面上揭示了默多克式“自由”的重要特征——现实性。

在默多克看来，影响很多人（包括年轻时的她）的萨特式“自由”忽视“现实”，强调“个人意志”，虽富有煽动性，却过于浪漫，具有“唯我主义倾向”。她所有的小说和大部分道德哲学思想都是对她自己年轻时“浅薄的理性主义乐观”的忏悔——那时她以为实现自由是件容易的事[①]。默多克1954年出版的第一部小说《在网下》（*Under the Net*）曾被人看作是表现存在主义思想的作品，还和当时的“愤怒的青年”挂上钩，但只要结合其哲学主张仔细研读文本就不难发现，作者实际上通过杰克和雨果两个人物形象的对比，意欲将“现实”引入“自由”来弥补其因以个人意志为核心而导致的“浪漫”。默多克的这一思想在后来的《沙堡》中体现得更为明确。

默多克所说的“现实”在很大程度上可视为萨特所说的“境遇”。人是一种生而自由的存在，但“自由”总是“境遇中的自由”。“自由”诚然体现为对“境遇”的改造、超越，但更体现为对所处“境遇”的清醒认识，否则改造与超越就无从实施。莫尔生活在以自我为中心的“虚构的世界”[②]里，犯下默多克所批评的大多数人的错误。无怪乎当莫尔把“新生”的希望悬系于对雷恩的爱情上、并为此念头忘乎所以时，平素少言寡语的绘画教师布莱德亚德俨然成为作者的喉舌，提醒前者“世间尚有尊重现实这一条”[③]，而非梦想自由、幸福，或一味考虑自我满足。人类生活中不存在超越一切“境遇”的绝对自由，无视“现实”的一切，如同用沙子砌成的城堡，最终都会如雷恩所说，“像干沙一样从指缝流走”[④]。作者以“沙堡”为小说标题，意即在此。

但是，认清“现实”对天性自私的人类而言[⑤]，是非常困难的。默多克在哲学剧中借人物柏拉图之口，批评大多数人宁愿相信自己，也不愿去探索

① Peter J. Conradi, *Iris Murdoch: a Life*, 1986, p. 78.

② Iris Murdoch, *The Sandcastle*, Penguin Books, 1957, p. 213.

③ Ibid.

④ Ibid., p. 300.

⑤ Iris Murdoch, "The Sovereignty of Good over Other Concepts", *Existentialists and Mystics*, 1997, p. 364.

真实的世界，不愿去认真思考他人的存在。[①]《沙堡》中最初讨人嫌的南恩如此，陷入婚外恋的主人公莫尔事实上更是如此。

莫尔没有也不愿正视布莱德亚德向他指出的事实：他不仅与妻儿紧密联结在一起，也深深植根于他自己的生活中，不论其个人意愿如何，他都被生活牢牢控制着；破坏这些联结，就等于破坏世界的一部分。在这个被迪莫特鄙视为“该死的老一套”[②] 的地方，莫尔牢牢扎下了根，有自己的房子和各种稳固的人际关系，有过去、现在和未来。在其公开生活中，他是圣布莱德学校的好老师，并准备参选工党议员，在政治上一展拳脚。在其私人生活中，他与妻子之间有子女这条牢固的纽带，就连两年前在公路上被压死的里菲（狗），也构成了他们两人之间的特殊联结，莫尔常常用提起它的方式来转移、平息南恩的不满和怒气；他与子女不可分割的关系则在唐纳德爬塔楼遇险时表现得一览无余。可是他反驳布莱德亚德说，和雷恩在一起或许可以建立起新的一部分世界。但这话在他自己听来也“显得空洞和肤浅”[③]，因为他已经意识到自己的孤注一掷不过是建立在主观意愿上，并没有也不愿考虑“残酷的”现实：像雷恩后来看清楚的那样，她是一只鸟，而他是不可能连根拔起跟她一起飞翔的树；带走他等于摧毁他。他已经预见到跟雷恩出走后将要过什么日子——住在宾馆里花雷恩的钱，却自欺欺人地对雷恩信誓旦旦地说，离开这个地方他还可以靠写书度日，而写书根本不是他的兴趣所在。

莫尔也没有用心了解过作为“现实”的一部分的“他人”，就像布莱德亚德所批评的那样，他并不真正理解南恩或雷恩“各自独特的存在”[④]。他自以为深爱着雷恩，但对雷恩的认识却相当片面，而且始终围绕着他的个人需要。当众人由衷赞赏雷恩所作的迪莫特画像时，他惊讶于她是个很好的画家，但“惊讶”不是由于之前没发觉，而是他对此全无做更深认识的打算，他关注的是雷恩而不是她的画，因为需要这个女孩来搭救其沉闷的生活。作为旁观者的布莱德亚德发现了真正的雷恩：她具有成为伟大画家的天分和可能，对于年轻的她，生活才刚刚开始，与莫尔的关系只会妨碍她的生活和事业。与布莱德亚德相比，莫尔显得多么自私！尽管他知道这场恋情给雷恩带来恐

① Iris Murdoch，“Art and Eros：A Dialogue about Art”，*Existentialists and Mystics*，1997，p. 490.

② Iris Murdoch，*The Sandcastle*，1975，p. 22.

③ Ibid.，p. 212.

④ Ibid.，p. 213.

惧、不安，并使她无法按原计划重画迪莫特肖像使之更加深刻，却始终不愿放弃这根救命稻草，刻意造出几乎每个外遇男人都盖莫如斯、无师自通的假象——妻子不爱他、他也不爱妻子，以挽留雷恩的爱。事实却是：作为丈夫，他没有尝试了解、理解妻子，面对夫妻之间难以避免的冲突，除了厌烦、怨恨外，就是消极地逃避。作为父亲，他也没有真正了解过子女，不知道唐纳德为什么喜欢和卡德泡在一起，更不知道他们为什么爬塔楼；儿子失踪后，他对其去向完全没有头绪。作为老师，他对学生心思淡漠，既不多琢磨他讨厌的卡德，也毫不怜悯崇拜他的里格登。布莱德亚德说得对，莫尔是靠梦想活着，但在梦想中，他想的只是他自己。

从某种意义上说，雷恩是一个真正的“自由”。她对绘画艺术执著认真，对生活充满热情，始终具有果决的行动力。面对年龄悬殊、名义不正的爱情，她勇往直前，并且有能力也敢于承担行动的后果，连和莫尔在一起之后如何生活的计划都已经打算好。但是，她又能够承认他人与现实环境的存在。南恩的宴会发言使她突然认识到事情的真相：她不能为了自己的愿望去将莫尔这棵树连根拔起。她坚定地退出与不辞而别，解决了所有的矛盾，也使莫尔从自私的自由中摆脱出来，重新认识到周围一切的存在。正是雷恩的出现与离去，使故事得以开始并获得圆满结局。

南恩俨然是众矢之的，但作者对这个人物并没有简单化。在对待莫尔的外遇和蒂姆乘虚而入式的求爱上，南恩表现出莫尔所欠缺的现实责任感，自我克制地作出一系列理智选择，大刀阔斧地修正了自己过去的态度和行为，在晚宴上颇有心计地慷慨陈词，最终顺利化解危机，保住了濒临解体的家庭。尽管如此，默多克后来谈到自己以往的创作时，仍觉得没有较好地站在南恩的角度去理解她、表现她，并认为这是《沙堡》的最大失败。①

三、“自由”的道德性

最后，莫尔不再像以前那样总是战战兢兢地等待妻子作决定，而是能果断地答应子女读书、度假等合理要求。南恩克制了以往盛气凌人的态度，表现出隐忍与谦让，还主动支持莫尔参选议员。雷恩不仅认识到不应当把莫尔“连根拔起”，还反省了自己对莫尔的恋情可能是出于丧父之后寻找精神寄托的自私欲望，毅然独自离去。似乎每个人都重新回到各自原来的生活轨道上，

① Richard Todd, *Iris Murdoch*, London: Methuen, 1984, p. 37.

在“动乱”之后建立了“秩序”，更现实、更清醒、更和谐地生活了。

这种“回归”，不是鲁迅先生说的那种苍蝇画一个圆又回到原点上，而是像历史的螺旋上升，发生了质的进步。事实上，默多克的小说基本上都是这样的结局，布拉德伯里（Malcolm Bradbury）对《在网下》的观感，不仅适用于《沙堡》，也适用于默多克大多数作品：“以事情的相对解决而告终”。人物“把这个世界看得更详细、清楚”，“他们的关系获得了某种秩序”，而读者“会觉得人物最后变得比最初时要理性得多，从某种意义上说，这就是道德感”①。

在默多克看来，生活本身就是形形色色的价值判断，不联系“德性”就无法从根本上定义总是与道德相关的“自由”②。真正的“自由”并非“为所欲为”，而是对自我狭隘局限的突破。同时，作为现实中的人，只有努力认清“现实”，才有可能作出合理、恰当的抉择；要达到这一目的，也需要去除自我（unselfing），因为囿于“自我”会妨碍对“现实”（包括“他人”）的关注。于是乎，“道德”不仅不是对“自由”的限制，反而是“自由”的实现与体现，因为对自身局限性的克服与超越，实际上就是道德的自我提升。

也就是说，真正自由的人是有德性的人。默多克提到过两种有德性的人：谦逊的人“视自己为虚无、能够看见其他事物本来面目”③；善良的人则会努力去看“非我”，去看真实世界、并对它做出回应④。

“谦逊的人”显然比“善良的人”更高一筹，因为“去除自我”对于天性自私的人类来说，是极其困难的事，更何况达到“无我”境界。所以博夫才说《沙堡》中的布莱德亚德是默多克想要塑造的模范人物。这位美术老师有些口吃，平时默默地教书、绘画，人们很少会想起他的存在。对一切人的生活而言，他似乎都是局外人。但正是这样一个近乎“虚无”的人，一针见血地向莫尔指出后者看不清又不愿看清的现实真相。因为“无我”，他才不会像“有我”的莫尔那样为自己制造幻象。

“善良的人”虽然不像“谦逊的人”那样“视自己为虚无”并达到“无我”境界，但能够关注“非我”，从而认识真实世界，并以此做出反应。雷

① “Iris Murdoch in Conversation with Malcolm Bradbury”.

② Iris Murdoch, “The Darkness of Practical Reason”, *Existentialists and Mystics*, 1997, p. 201.

③ Iris Murdoch, “The Sovereignty of Good”, 1997, pp. 103 – 104.

④ Iris Murdoch, “The Sovereignty of Good over Other Concepts”, *Existentialists and Mystics*, 1997, p. 376.

恩、迪莫特显然是“善良的人”。雷恩从未拒绝接近“现实”，总是尝试去了解“非我”（譬如莫尔），因此才看清不能把莫尔带走的事实，并做出“回应”——自动退出、不辞而别。迪莫特也是因为对“非我”的关注，才领悟到莫尔和雷恩的恋情，不仅自动放弃对雷恩的情感，还刻意制造方便，提供援助。

其实，得知外遇事件后的南恩也是善良的。她不是以自我为核心面对问题，既没有向莫尔或雷恩发怒、寻仇，也没有丢人现眼地哭诉、哀求，而是努力思考问题症结，尝试了解事件真相，了解“现实”。她在心灵最脆弱的时候去蒂姆那里寻求安慰，仍然想到了“非我”的存在——家庭和孩子，没有顺势逃避到眼前那个男人的怀抱里。也正因为努力地去看真实世界，南恩才意识到要挽留丈夫、维护家庭，就要做出后来她在学校宴会上所做的那番表现。南恩对莫尔外遇的反应越是令别人吃惊，就越是说明她对旧我超越的成功。

如果说“谦逊的人”如布莱德亚德本来就是真正自由的人，那么，其他大多数人物都是“善良的人”，亦即通过努力能够实现真正自由的人。“自由就是认识、理解并尊重我之外的各种事物。在此层面上，美德可被视为认知，并把我们与现实联系起来”[①]。《沙堡》的大团圆看起来是因为家庭风暴过去，婚姻得以继续，实质却是每个人在“动荡”中受到洗礼，最终实现了真正的自由，同时也意味着实现了道德自我提升，更有“德性”了。

从某种意义上说，这本小说更接近萨特的“境遇剧”，不同的是，默多克在这里铺设的绝对境遇是：人都是善良的。如果说“自由选择”是萨特戏剧的契机，那么，在《沙堡》中，一切转机都来自于“善良”。其中尤以雷恩的“善良”（或曰“德性”）最为重要。雷恩好比默多克使用的“龙车”，而且作用不像最后载着美狄亚逃跑那么简单：她“一石激起千层浪”的到来，是作者用来震荡一成不变的小镇以及近乎麻木的莫尔的工具，当这一目的达到时，雷恩就必须离去。

为什么她会主动离去？因为善良。默多克认为萨特“浪漫”——脱离“现实”，但实际上，她在小说里表现的结局也是一种“浪漫”的结果：如果没有“善良”做“境遇”，这个故事将会怎样？

默多克相信世界的“偶然性”，认为“现实”从来就“不是一个确定的

① Iris Murdoch, "The Sublime and the Beautiful Revisited", *Existentialists and Mystics*, 1997, p. 284.

整体”①，一切都是“偶然性地存在”②。《沙堡》情节的转机都有偶然性色彩，譬如雷恩的汽车陷入水潭，譬如狂按门铃惊扰趁南恩不在家而幽会的莫尔和雷恩的那个神秘吉普赛人，而操纵这些偶然性转机的，是作出每个抉择的自由主体。故事最后能够以“和谐”告终，从根本上说，关键在于雷恩的自动退出和离去。然而，偶然性就意味着可能性，作品的结局只是诸多可能中的一种。假如雷恩像现实生活中常见的情妇那样执意要求莫尔跟她离开那个小镇，以作品本身所展示的现状看，他是不会回到南恩身边的。假如莫尔跟随雷恩离开他植根其中的小镇，即便他真的能写书，恐怕也还是不得不靠这个富有的小情人养活，当桃色事件不再桃色，后面的故事将有更多的可能性选择。

至于莫尔信誓旦旦的黄昏恋，从开始时的轰轰烈烈到最终的复归宁静，反差之大，竟有些像闹剧。实际上，莫尔是被动地回到自己的位置上——因为雷恩小姐不要他了，这难道不是在说：尽管人是自由的，但无论个人怎样挣扎，还是逃不出现实的如来佛掌心？如果萨特笔下的俄瑞斯忒斯尚能做“铁屋子里的呐喊”，虽败犹荣（况且是否失败还未可知），那么，莫尔则有点像秀才造反，终究不成。

虽然如此，我们大可不必因为《沙堡》的这种“浪漫”而质疑默多克哲学思想的“漏洞”。人不可能都是善良的，默多克明白这一点——人类天性根本就是“自私的”。至于“现实”，也是一个相当笼统、难以把握的概念。默多克说艺术家的“现实感”就是“理解‘事物如何存在’，以及‘它们为何存在’”③，是在她谈到“现实”在哲学上的声名狼藉（因其含义的不明确）时提出的。在默多克看来，“一个人永远不能完全了解现实”④，人类不过是“沉陷于现实之中的愚昧造物”⑤。而且，“人类真的不能承受很多现实”⑥，所以“我们常常抵制不住诱惑而用幻想扭曲现实本质”⑦。

---

① Iris Murdoch, "Against Dryness", *Existentialists and Mystic*, 1997, p. 294.
② Iris Murdoch, "On 'God' and 'Good'", *Existentialists and Mystics*, 1997, p. 351.
③ Iris Murdoch, "Literature and Philosophy", *Existentialists and Mystics*, 1997, pp. 28－29
④ Iris Murdoch, "The Existentialist Political Myth", *Existentialists and Mystics*, 1997, p. 131.
⑤ Iris Murdoch, "Against Dryness", *Existentialists and Mystics*, 1997, p. 293.
⑥ Iris Murdoch, "On 'God' and 'Good'", *Existentialists and Mystics*, 1997, p. 352.
⑦ Iris Murdoch, "The Sublime and the Beautiful Revisited", *Existentialists and Mystics*, 1997, p. 293.

虽然“现实”难以捉摸，但艺术是“对现实的发现”①。如果说《沙堡》是浪漫的，它是作者“知其不可为而为之”地探索“现实”的浪漫，如果说默多克哲学是浪漫的，它表明理论都是浪漫的——世界人生却很复杂，那么，《沙堡》所展示的另一种自由，对现今处于历史转型时期、热衷追寻“自我意识”和“自由”的人们，不仅具有指导意义，也具有某种警示作用，而这正是《沙堡》的真正价值所在。

① Iris Murdoch, “Existentialists and Mystics”, *Existentialists and Mystics*, 1997, p. 216.

参考文献

艾丽丝·默多克著述

哲学

[1] *Sartre*: *Romantic Rationalist* (1953), London : Chatto & Windus, 1987.

[2] *The Sovereignty of Good* (1970), London : Routledge, 1989.

[3] *The Fire and the Sun*: *Why Plato Banished the Artists* (1977), Oxford : Oxford University Press, 1977.

[4] *Acastos* : *Two Platonic Dialogues* (1986), London : Chatto & Windus Ltd., 1986.

[5] *Metaphysics as a Guide to Morals* (1992), London : Chatto & Windus Ltd., 1992.

[6] *Existentialists and Mystics* : *Writings on Philosophy and Literature* (1997), Edited by Peter Conradi, London : Chatto & Windus, 1997.

[7] *From a Tiny Conner in the House of Fiction*: *Conversations with Iris Murdoch*, ed. by Gillian Dooley, Columbia: The University of South Carolina Press, 2003.

小说

[1] *Under The Net* (1954), London : Penguin Group, 1982.

[2] *The Flight from the Enchanter* (1955), London : Chatto & Windus, 1961.

[3] *The Sandcastle* (1957), Harmondsworth : Penguin Books, 1975.

[4] *The Bell* (1958), London : Chatto & Windus, 1979.

[5] *A Severed Head* (1961), London : Chatto & Windus, 1961.

[6] *An Unofficial Rose* (1962), Frogmore, St Albans: Triad/Panther Books, 1977.

[7] *The Unicorn* (1963), London : Granada, 1963.
[8] *The Italian Girl* (1964), London : Chatto & Windus, 1964.
[9] *The Red and the Green* (1965), Harmondsworth : Penguin Books, 1967.
[10] *The Time of Angels* (1966), London : Chatto & Windus, 1979.
[11] *The Nice and the Good* (1968), Harmondsworth : Penguin Books, 1968.
[12] *Bruno's Dreams* (1969), St. Albans, Herts : Triad/Panther Books, 1977.
[13] *A Fairly Honourable Defeat* (1970), Harmondsworth : Penguin Books, 1970.
[14] *An Accidentle Man* (1971), Granada : Triad, 1979.
[15] *The Black Prince* (1973), New York : Warner Paperback Library, 1974.
[16] *The Sacred and Profane Love Machine* (1974), Penguin Books, 1974.
[17] *A Word Child* (1975), New York: Viking Press, 1975.
[18] *Henry and Cato* (1976), New York: Viking Press, 1977.
[19] *The Sea, the Sea* (1978), London: Chatto & Windus, 1978.
[20] *Nuns and Soldiers* (1980), London: Chatto & Windus , 1980.
[21] *The Philosopher's Pupil* (1983), Harmondsworth: Penguin Books, 1985.
[22] *The Good Apprentice* (1985), Harmondsworth: Penguin Books, 1986.
[23] *The Book and the Brotherhood* (1987), London: Chatto & Windus, 1987.
[24] *The Message to the Planet* (1989), Harmondsworth: Penguin Books, 1991.
[25] *The Greenknight* (1993), London: Chatto & Windus, 1993.
[26] *Jackson's Dilemma* (1995), London: Chatto & Windus, 1995.

其他文献

[1] Allen, Edgar Leonard, *Existentialism from within*, London: Routledge & Paul, 1953.
[2] Altorf, Marije, *Iris Murdoch and the Art of Imagining*, Continuum International Publishing Group, 2008.
[3] Antonaccio, Maria, *Picturing the Human: The Moral Thought of Iris Murdoch*, New York: Oxford University Press, 2000.
[4] Antonaccio, Maria and William Schweiker eds. , *Iris Murdoch and the Search for Human Goodness*, Chicago: The University of Chicago Press, 1996.
[5] Arnold, David Scott, *Liminal Readings: Forms of Otherness in Melville, Joyce, and Murdoch*, Basingstoke: Macmillan, 1993.

[6] Bayley, John, *Elegy for Iris*, New York: Picador USA, 1999.
[7] Bayley, John, *Iris and the Friends: a Year of Memories*, London: Duckworth, 1999.
[8] Beauvoir, Simone de, *All Men Are Mortal*, translated by Leonard M. Friedman, London: W. W. Norton & Company, 1992.
[9] Beckett, Samuel, *Waiting for Godot*, NY: Grove Press, 1994.
[10] Begal, Kate, *ris Murdoch: a Reference Guide*, Boston Mass: G K Hall, 1987.
[11] Belkind, Allen, *Jean-Paul Sartre: Sartre and Existentialism in English: a Bibliographical Guide*, Ohio: Kent State University Press, 1970.
[12] Bell, Richard H, *Simone Weil: the Way of Justice as Compassion*, Lanham: Rowman & Littlefield Publishers, INC, 1998.
[13] Bove, Cheryl K. *Understanding Iris Murdoch*, Carolina: University of South Carolina Press, 1993.
[14] Byatt, A. S., *Degrees of Freedom: the Early Novels of Iris Murdoch*, London: Vintage, 1994.
[15] Camus, Albert, *The Myth of Sisyphus: and Other Essays*, translated by Justin O' Brien, New York: Vintage Books, 1955.
[16] Camus, Albert, *The Stranger*, translated by Joseph Laredo, Penguin Books, 2000.
[17] Conradi, Peter J., *Iris Murdoch: the Saint and the Artist*, Houndmills: The Macmillan Press, 1986.
[18] Conradi, Peter J., *Iris Murdoch: a Life*, New York: Norton, 2001.
[19] Dipple, Elizabeth, *Iris Murdoch: Work for the Spirit*, London: Methuen & Co. Ltd, 1982.
[20] Dreyfus, Hubert L., *Being - in - the - World: A Commentary on Heidegger's Being and Time*, Division I, Massachusetts Institute of Technology, 1991.
[21] Ellison, Ralph, *Invisible Man*, Random House, 1952.
[22] Firchow, Peter Edgerly, *Modern Utopian Fictions: from H. g. Wells to Iris Murdoch*, The Catholic University of America Press, 2007.
[23] Friedman, Maurice, ed., *The Worlds of Existentialism*, New York: Random House, 1964.
[24] Frost, Christopher and Bell-Metereau, Rebecca, *Simone Weil on Politics, Religion and Society*, London: SAGE Publications Ltd, 1998.
[25] Gerstenberger, Donna, *Iris Murdoch*, London: Associated University Press, 1975.

[26] Gordon, David J., *Iris Murdoch's Fables of Unselfing*, Columbia: University of Missouri Press, 1995.

[27] Haffenden, John, *Novelists in Interview*, London: Methuen & Co. Ltd., 1985.

[28] Harrison, R. K., *Old Testament Times*, Massachusetts: Hendrickson Publishers, 2001.

[29] Head, Dominic, *The Cambridge Introduction to Modern British Fiction*, 1950 – 2000, Cambridge University Press, 2002.

[30] Johnson, Deborah, *Iris Murdoch*, Brighton: The Harvester Press Limited, 1987.

[31] Kane, Richard C., *Iris Murdoch, Muriel Spark and John Fowels: Didactic Demons in Modern Fiction*, Rutherford: Fairleigh Dickinson University Press, 1988.

[32] Kaufmann, Walter, ed., *Existentialism from Dostoevsky to Sartre*, Penguin Group (USA), 1975.

[33] Laverty, Megan, *Iris Murdoch's Ethics: a Consideration of Her Romantic Vision*, London: Continuum International Publishing Group, 2007.

[34] Lodge, David, *The Art of Fiction: Illustrated from Classic and Modern Texts*, London: Penguin Books, 1992.

[35] Macintyre, Alasdair, *A Short History of Ethics*, London: Routledge & Kagan Paul Plc, 1984.

[36] Macquarrie, John, *An Existentialist Theology: a Comparison of Heidegger and Bultmann*, London: S. C. M. Press, 1955.

[37] Mahon, Joseph. *Existentialism, Feminism and Simone de Beauvoir*, Basingstoke: Palgrave, 1997.

[38] McElroy, Davis Dunbar, *Existentialism and Modern Literature: an Essay in Existential Criticism*, New York: Citadel Press, 1963.

[39] McEwan, Nei, *The Survival of the Novel: British Fiction in the Later Twentieth Century*, London: The Macmillan Press Ltd, 1981.

[40] Nicholson, Graeme, *Plato' s Phaedrus: the Philosophy of Love*, West Lafayette: Purdue University Press, 1999.

[41] Nicol, Bran, *Iris Murdoch: the Retrospective Fiction*, Houndmill: Macmillan Press, Ltd., 1999.

[42] O' Hear, Anthony, *Philosophy, the Good, the True, and the Beautiful*, Cam-

bridge: Cambridge University Press, 2000.

[43] Patterson, David, *The Literary and Philosophical Expressions of Existential Faith: a Study of Kierkegaard*, Tolstoi and Shestov , Eugene, 1978.

[44] Pinter, Harold, *The Homecoming*, Grove Press (3rd edition), 1994.

[45] Pinter, Harold, *Betrayal*, Grove Press, 1994.

[46] Rabinovitz, Rubin, *Iris Murdoch*, NY: University of Missouri Press, 1968.

[47] Ramanathan, Suguna, *Iris Murdoch: Figures of Good*, Hampshire: Macmillan, 1990.

[48] Rowe, Anne, *The Visual Arts and the Novels of Iris Murdoch*, Lewiston: The Edwin Mellen Press, 2002.

[49] Rowe, Anne (ed.), *Iris Murdoch: a Re - Assessment*, Palgrave Macmillan, 2007.

[50] Sage, Lorna, *Women in the House of Fiction: Post - war Women Novelists*, Houndmills: The Macmillan Press, Ltd. , 1992.

[51] Sartre, Jean - Paul, *Being and Nothingness*, translated by Hazel E. Barnes, with introduction by Mary Warnock, London: Routledge, 2001.

[52] Sartre, Jean - Paul, *Existentialism and humanism*, London: Methuen, 1989.

[53] Sartre, Jean - Paul, *Nauséa*, Harmondsworth: Penguin, 1965.

[54] Sartre, Jean - Paul, *No Exit and Three Other Plays*, translated by S. Gilbert & I. Abel, NY: Vintage, 1989.

[55] Sartre, Jean - Paul, *The Wall*, translated by Lloyd Alexander, Penguin, 1975.

[56] Smith, Nicholas D. , *Plato: Critical Assessments Vol.* Ⅲ, *Plato' s Middle Period: Psychology and Value Theory*, London: Routledge, 1998.

[57] Soule, George, *Four British Novelists: Anita Brookner, Margaret Drabble, Iris Murdoch, Barbara Pym: an Annotated and Critical Secondary Bibliography*, Salem Press, 1998.

[58] Spear, Hilda D. , *Iris Murdoch*, Houndmill: Macmillan Press Ltd, 1995.

[59] Stevens, Barbara Heusel, *Iris Murdoch's Paradoxical Novels: Thirty Years of Critical Reception*, *Rochester*, NY: Camden House, 2001.

[60] Taylor, Richard, *Good and Evil*, New York: Prometheus Books, 2000.

[61] Todd, Richard, *Iris Murdoch: Shakespearian Interest*, London: Vision, 1979.

[62] Tougas, Cecil T. and Ebenreck, Sara, *Presenting Women Philosophers*, Philadelphia: Tempel University Press, 2000.

[63] Tucker, Lindsey, ed., *Critical Essays on Iris Murdoch*, New York: G. K. Hall & Company, 1992.

[64] Wahl, Jean André, *Philosophies of Existence: an Introduction to the Basic Thought of Kierkegaard, Heidegger, Jaspers, Marcel, Sartre*, London: Routledge & K. Paul, 1969.

[65] Weil, Simone, *Simone Weil: Lectures on Philosophy*, *Hugh Price*, *Trans.*, Cambridge: Cambridge University Press, 1978.

[66] Widdows, Heather, *The Moral Vision of Iris Murdoch*, Hampshire: Ashgate Publishing Limited, 2005.

[67] Willey, Basil, *The English Moralists*, London: Chatto & Windus, 1964.

[68] Wolfe, Peter, *The Disciplined Heart: Iris Murdoch and Her Novels*, Columbia: University of Missouri Press, 1966.

[69] Yore, Sue, *The Mystic Way in Postmodernity: Transcending Theological Boundaries in the Writings of Iris Murdoch, Denise Levertov and Annie Dillard*, Peter Lang Publishing, 2009.

[70] Ziegler, Heide and Christoph Bigsby eds., *The Radical Imagination and the Liberal Tradition: Interviews with English and American Novelists*, London: Junction Books Ltd, 1982.

[71] 马丁·艾斯林（Martin Esslin）. 荒诞派戏剧. 刘国彬译. 北京：中国戏剧出版社，1992

[72] 圣奥古斯丁（St. Augustine）. 忏悔录. 周士良译. 北京：商务印书馆，1963

[73] 别尔嘉耶夫. 自由的哲学. 董友译. 上海：学林出版社，1999

[74] 柏拉图. 柏拉图全集（第二卷）. 王晓朝译. 北京：人民出版社，2003

[75] 尼古拉斯·布宁，余纪元. 西方哲学英汉对照词典. 王柯平等译. 北京：人民出版社，2001

[76] 杜小真. 存在和自由的重负：解读萨特《存在与虚无》. 济南：山东人民出版社，2002

[77] 歌德. 浮士德. 钱春绮译. 上海：上海译文出版社，2007

[78] 黄颂杰，吴晓明，安延明. 萨特其人及其“人学”. 上海：复旦大学出版社，1986

[79] D. D. 拉斐尔. 道德哲学. 邱仁宗译. 沈阳：辽宁教育出版社 & 牛津

大学出版社，1998
[80] 吉尔伯特·赖尔．心的概念．刘建荣译．上海：上海译文出版社，1988
[81] 刘时工．爱与正义——尼布尔基督教伦理思想研究．许志伟序．北京：中国社会科学出版社，2004
[82] 鲁迅．鲁迅全集．北京：人民文学出版社，1981
[83] 罗素．哲学问题．何兆武译．北京：商务印书馆，2004
[84] 戴维斯·麦克罗依．存在主义与文学．沈华进译．沈阳：春风文艺出版社，1988
[85] A．麦金太尔．德性之后．龚群，戴扬毅等译．北京：中国社会科学出版社，1995
[86] 区鉷．西窗琐语．重庆：重庆大学出版社，2008
[87] 潘翠菁．西方文论辨析．广州：中山大学出版社，1984
[88] 潘翠菁．西方现代主义文学思潮．北京：高等教育出版社，1995
[89] 列夫·舍斯托夫．钥匙的统治．张冰译．上海：上海人民出版社，2004
[90] 列夫·舍斯托夫．旷野的呼告 无根据颂．方珊，李勤，张冰等译．上海：上海人民出版社，2004
[91] 列夫·舍斯托夫．雅典与耶路撒冷．张冰译．上海：上海人民出版社，2004
[92] 列夫·舍斯托夫．在约伯的天平上．董友，徐荣庆等译．上海：上海人民出版社，2004
[93] 汤姆森（Philip Thomson）．怪诞．黎志煌译．哈尔滨：北方文艺出版社，1988
[94] 万俊人．于无深处——重读萨特．成都：四川人民出版社，1996
[95] 吴文煇，潘翠菁．前意识论与文艺学．桂林：广西师范大学出版社，2004
[96] 欣奇利夫（Arnold P. Hinchliffe）．荒诞派．樊高月译．哈尔滨：北方文艺出版社，1988
[97] 杨慧林．追问“上帝”——信仰与理性的辩难．北京：北京教育出版社，1999

后 记

一个人的成长有赖于无数人的帮助。

首先要感谢恩师——博士生导师区鉷教授和硕士导师吴文煇教授、潘翠菁教授，分别培养了我英语文学研究和理论研究能力。虽已毕业数年，但导师区鉷教授至今仍在治学方面具体而细微地指导着我，吴文煇教授、潘翠菁教授也始终关注着我学术上的发展。

听说我要研究默多克，剑桥大学终身教授、当代英语诗人蒲龄恩先生（Mr. Pryne）特地从英国寄来别人研究默多克的著作，其中一本哲学书启发我抛开了小说研究，最终写了这本书。然而，由于各种原因，时隔多年，我一直没有机会正式向他致谢。每念至此，深感歉疚！在英国爱丁堡大学英语系访学及在伦敦 SOAS 学院查阅资料期间，得到了爱丁堡大学英语系蒂莫西·迈尔尼斯博士和克利斯朵夫·卡莱恩先生的慷慨帮助。

学界前辈何海伦教授、蒋道超教授、王友贵教授、张跃军教授、陆扬教授、李增教授、刘建军教授、李践教授、林裕音教授、黄家佑教授先后拨冗垂阅了本书初稿，他们的肯定、批评和建议，增强了我对本书的信心，也使我的思考更为周密。

其他师友们也通过各种方式提供支持和帮助，特别是曹山柯博士、黎志敏博士、高文平博士、沈洁博士等。张仲玲女士、蔡杰生先生、蔡静女士等朋友以及一些同事，都在需要的时候向我伸出援手。

谨在此由衷感谢我的良师益友！

欢迎并感谢批评、指正！

许健

2010. 4. 10